아베의 아름다운 나라?

아베의
아름다운 나라?

강성종 지음

상상

프롤로그　9
　　악의 평범성, 일본의 말말말　13
　　역사상 가장 호전적이고 위험한 올림픽　19
　　샌프란시스코 강화조약, 일본을 적반하장으로 만들다　27
　　사상의 대물림이 무서운 이유　32
　　아베의 아름다운 나라가 부디 김구의 아름다운 나라가 되기를　38

1. 일본 극우 DNA와 조슈번　45
　　아베와 야마구치　47
　　근현대 일본을 만든 야마구치　49
　　아베 총리의 정신적 지주 요시다 쇼인　53
　　아베 총리의 할아버지와 아버지　55
　　아베의 정치적 스승, 기시 노부스케　59
　　아베 신조의 성장과 정치 입문　63
　　초고속 출세한 최연소 총리 아베　64
　　아베 신조와 고이즈미 준이치로　66
　　고이즈미 시대와 그 이전의 한일관계　72

목차

2. 아베, 칼로 역사의 진실을 베다 79
한일 과거사에 대한 일본의 인식 변화 추이 85
아베, 역사의 진실을 부인하다가 위안부 문제 사과 90
아베 총리와 북일관계 95
역사를 거스른 2015년 종전 70년 담화 99
아베 총리는 왜 보수화의 길을 걸었나 102

3. 정한론, 아베와 일본회의의 진화론 113
요시다 쇼인의 정한론 116
조슈의 정한론 실행 118
멈추지 못하는 군사적 팽창 야욕 122
일본회의, 일본 최대의 강경우익단체 124
일본회의 조직과 특성 127
아베 신조와 일본회의 130

4. 일본 정치와 파벌주의 135
파벌로 정치를 돌려막다 137

5. 망언과 혐한으로 표를 얻는 아베　145

　　　　　망언의 선두에 선 아베　147
　　　일본 보수파 정치인들의 잇단 망언　150
　　　　아베 총리의 망언 퍼레이드 1　154
　　　　아베 총리의 망언 퍼레이드 2　163
　　'한국 때리기'로 재미 보는 아베 총리　170
　　　　　왜 아베 총리는 망언을 하나　173
　　　　　일본 정치인들의 돌출행동　176
　　　　　　　　　　망언과 독도　181

6. 아베 신조, 아름다운 나라로의 개헌　187

　　　　　화려한 등장, 초라한 퇴장　191
　　　　　　　　　권토중래 5년　196
　　　　　　5년 3개월 만의 컴백　199
　　　　　　장기집권 성공의 요인들　203
한국과의 갈등 유발, 단기적으론 정권에 도움　209

목차

7. 아베의 불확실한 날개, 개헌과 아베노믹스 217
아베와 일본 보수파의 오랜 염원인 개헌 221
개헌안에 대한 일본의 여론 228
아베의 정치적 운명을 좌우할 개헌 시도 232
아베 정권 롱런의 일등 공신 아베노믹스 236
아베노믹스가 아베를 잡을 수도 242
아베노믹스를 휘청거리게 할 대외여건의 악화 247
북한과 러시아가 아베 총리의 발목 잡을 수도 249

8. 반평화적이고 불안전한 도쿄올림픽 255
2020년 올림픽 유치 과정 259
올림픽 준비와 제기되는 문제점 263
올림픽 보이콧 적극 검토 268

에필로그 275

프롤로그

국가는 이사를 갈 수 없습니다. 한국은 일본과, 일본은 한국과 서로 이웃으로 살아갈 수밖에 없습니다. 따라서 한국은 숙명적으로 일본을 알아야 합니다.

세종은 신숙주 등을 보내 무로마치 막부가 통치하는 일본의 형편을 살피게 했습니다. 그러나 1479년(성종 10년) 이후 조선은 통신사를 보내지 않았습니다. 약 111년 만인 1590년 황윤길과 김성일이 통신사로 갔을 때의 일본은 한반도에 막대한 병력을 보낼 수 있는 나라로 변해 있었습니다.

임진왜란 후 조선은 다시 통신사를 일본에 보냅니다. 그러다가 1811년(순조 11년) 이후엔 통신사를 아예 끊었습니다. 조선은 일본에 대해 약 60여 년 눈 닫고 귀 막고 지냈습니다.

그 사이 일본은 개항을 하고, 무력을 단단하게 키웠으나 조선은 일본의 무서운 변화를 알지 못했습니다. 1875년 9월 일본은 최신 군함 운요호(雲揚號)를 강화도 앞바다에 보내 위협을 가합니다.

우리가 일본을 아는 것에 대해 태만하고, 일본은 한반도에 힘을 뻗치려고 만반의 준비를 갖췄을 때, 우리에게 큰 위기와 고통이 닥쳤습니다. 1592년 임진왜란과 1910년 경술국치는 역사가 우리에게 주는 쓰라린 교훈입니다.

그로부터 57년 뒤 대한민국의 젊은 정치인이 "우리는 '서생적 문제의식(書生的 問題意識), 상인적 현실감각(商人的 現實感覺)'을 가지자"고 했습니다.

김대중 대통령께서 1967년 국회 연설에서 하신 말씀입니다. 서생적 문제의식은 역사와 주변을 바라보는 통찰력 있는 눈입니다. 상인적 현실감각은 안전하고 잘 사는 나라를 만들기 위한 토대가 되는 실용의 상징입니다.

『손자병법』을 쓴 손무와 김대중 대통령의 가르침은 일본에 대해서도 그대로 적용되어야 한다고 저는 굳게 믿습니다. 우리는 서생적 문제의식을 가지고 일본에 대한 관찰과 공부를 끊임없이 해야 합니다. 그리고 상인적 현실감각을 바탕으로 일본과의 공생을 모색하며 우리나라를 더욱더 부강한 나라로 만드는 길을 찾아야 합니다.

이 프롤로그에는 몇 가지 서생적 문제의식이 담겨 있습니다.

일본 우익의 평범하고 가치중립적인 단어들의 위험성을 살펴봤습니다. 또한 일본 민족을 상징하는 대표적인 단어 '화(和)'가 얼마나 '불화(不和)'하는지도 언급했습니다.

앞으로 있을 도쿄올림픽이 개최되지 말아야 하고, 개최된다 하더라도 참가하지 말아야 하는 이유에 대해서도 썼습니다. 가장 평화적이고 안전해야 할 올림픽이 가장 호전적이고 위험한 올림픽이 될 가능성이 방사능 수치만큼 높습니다.

일본의 침략 DNA 뿌리를 파봤습니다. 발원지는 조슈번, 사상적 우두머리는 요시다 쇼인입니다. 아베의 '아름다운 나라'도 여기에서 시작되었습니다.

대한민국 근대사에서 일제강점기가 가장 불행했던 때입니다. 두 번째 불행은 한국전쟁입니다. 이 두 가지는 우리가 익히 잘 알고 있는 불행입니다. 세 번째 불행은 샌프란시스코조약입니다. 이 불행은 잘 모릅니다. 하지만 대한민국의 발목을 붙잡고 있고 여전히 현재 진행형인 안타깝고 불행한 조약입니다. 모두가 알아둬야 할 역사이기에 다시 들여다봤습니다.

악의 평범성, 일본의 말말말

'최종해결', '재정착', '안락사', 이 말들에서 어떤 것이 느껴지십니까? 이 말들은 평범하고 어쩌면 가치중립적입니다. 그러나 이 단어들은 인류가 부끄러워해야 할 비극적인 역사의 현장에서 쓰였습니다. 이 말들은 2차 세계대전 당시 유태인에 대한 나치의 언어규칙입니다. '최종해결'은 유태인을 몰살시키는 작전명이었습니다. '재정착'은 유태인 집단이송을 뜻하는 말이었습니다. '안락사'는 가스실 대량 학살을 의미했다고 합니다.

20세기의 대표적인 정치철학자인 한나 아렌트는 『예루살렘의 아이히만』에서 이렇게 지적합니다. '자신들이 하고 있는 일을 모르도록 하는 것이 아니라 살상행위와 거짓말에 대해 그들의 정상적인 지식과 사고가 동일시하지 않도록 만들기 위한 것이었다.' 즉, 양심과 죄책감을 제거함과 동시에 책임을 회피하는 언어규칙이라는 것입니다.

'종전기념일', '보통국가', 이 말들에서는 어떤 것이 느껴지십니까? 종전기념일은 일본이 연합국에게 항복한 날, 다시 말하면 2차 세계대전에서 패전한 날을 의미합니다. 그러나 일본은 8월 15일에 끝난 그 전쟁을 패전이라고 부르지 않고 종전(終戰)이라고 부릅니다. 이긴 것도 진 것도 아닌 그냥 '전쟁이 끝났다'라고 표현합니다. 이 역시 책임을 회피하는 단어라고 볼 수 있습니다.

'보통국가', 이 말은 일본의 보수정치가인 오자와 이치로가 1993년 『일본개조계획』이라는 책에서 '전쟁 가능한 보통국가'를 처음 사용하면서 일반화됐다고 합니다. 오늘날 일본에서, 아베 신조(安倍晋三) 총리와 함께 '보통국가'를 만들자고 목소리를 높이는 사람들은 '전쟁 가능한'이라는 표현은 싹 빼버리고 표현합니다. '전쟁 가능한'이 빠진 보통국가는 그야말로 평범하고 평화를 사랑하는 보통국가와 같은 인상을 줍니다. 이 역시 양심과 죄책감을 제거한 단어라고 볼 수 있습니다.

이렇게 보면 일본의 우익들과 나치 독일은 참 많은 부분에서 닮아 있습니다. '보통국가'라는 말에는 한나 아렌트가 말했던 '악의 평범성'이 깃들여져 있습니다. 종전과 보통국가라는 '평범한' 표현을 유통시키면서 자신들의 책임과 사죄는 은폐시키고 후손들에게는 잘못된 역사인식과 범죄에 대한 무감각을 물려주고 있습니다. 문제는 히틀러의 나치는 소멸됐지만, 아베 총리의 보수 자민당은 진행형이라는 겁니다.

여기 또 하나의 평범하지만 무시운 단어가 있습니다. '일본회의', 너무나 소박하고 평범하다 못해 잘 기억되지도 않을 이름이지만, 꼭 기억해야 될 무시무시한 이름입니다. 이 이름은 일본의 섀도 캐비닛, 아니 이제는 섀도도 아닙니다. 그냥 대놓고 다 해먹는 '양지 캐비닛'입니다. 아베 내각의 각료 19명 중 15명이 이 조직에 속해 있습니다.

일본회의는 헌법 개정, 자학적 역사교육 철폐, 야스쿠니 신사 참배를 주장합니다. 천황주권을 외치며 일본의 민주주의를 압살하고, 나아가서 아시아 평화를 위협할 조직이기도 합니다.

일본의 우익들은 '혼네(本音·본심)'를 들키지 않으려고 위장된 '평범어'를 만들어 내고 있습니다. 그들은 새로운 언어규칙에 골몰하고 있습니다. 우리는 평범어에 가려진 일본 우익들의 혼네를 읽어야 합니다. 그래야만 일본을 '안다(知)'고 할 수 있습니다. 일본에 대한 날카로운 서생적 문제의식이 절대적으로 필요합니다. 일본을 제대로 알아야 그들의 감춰진 속내를 들여다볼 수 있고, 그에 상응하는 대비와 협상이 가능합니다.

일본의 상징어라고 할 수 있는 '화(和)' 역시 문제의 단어입니다. 저는 '화(和)'라 쓰고 '불화(不和)'라고 읽겠습니다. '화(和)'는 일본인들이 매일 만나는 아주 익숙한 단어입니다. 일본은 2019년 5월부터 레이와(令和)라는 연호를 쓰고 있습니다. 일본은 공식 문서에서 '2019년'보다는 '레이와 원년(令和元年)'이라는 표기를 앞세웁니다. 1926년부터 1989년까지 무려 60년 이상 '쇼와(昭和)'라는 연호를 썼습니다. 쇼와 시기, 히로히토 일왕이 재임했던 이때 일본은 만주사변과 태평양전쟁이라는 침략전쟁을 일으켰습니다. 강제징용과 위안부라는 끔찍한 인권유린이 벌어진 것도 바로 이때입니다.

일본의 '화(和)' 정신의 뿌리는 깊습니다. 화(和)는 조화, 평화, 균형의 뜻으로 이해가 됩니다. 예전에 일본을 부르는 다른 이름으로 야마토(大和)를 썼습니다. 4세기 초 일본을 통일한 국가인 야마토(大和) 정권에서 비롯됐을 겁니다. 8세기 초에 만들어진 율령에도 '화(和)를 귀하게 여김'이라는 구절이 있답니다.

화(和)는 과거와 현재 일본의 정체성을 표현하는 말입니다. 일본의 문화는 개인의 개성을 중시하기보다는 집단의 질서와 안녕을 우선한다고 합니다. 일본이 섬나라이면서 지진과 화산, 태풍 등 자연재해가 빈번한 나라이기 때문에 일견 집단의 안정과 번영을 절대적 가치로 두는 게 당연해 보이기도 합니다.

그러나 분명한 건 이 화(和)는, 일본 민족 내부로 향해 있을 뿐 외부나 타인은 안중에도 없다는 데서 문제는 시작됩니다. 그들은 섬 밖의 나라들에 대해 '화(和)'의 정신을 발휘해 본 적이 없습니다. 일본 밖 사람들에게는 언제나 '화(禍)'였습니다.

이 화(和)는 자기들 내부로도 엄청나게 모순되고 충격적인 양태를 보입니다. '우생보호법(優生保護法·1948-1996)'은 일본에서 50년 동안 실제로 존속했던, 경악을 금치 못할 법입니다. 장애가 있는 사람들에게 본인의 의사와 상관없이 강제로 불임, 낙태수술을 자행하는 제도입니다. 히틀러의 우생학과 정확히 일치합니다.

보면 볼수록 일본과 나치는 닮은 점이 많습니다. 이 악법은 불과 20여 년 전까지 존재했습니다. 비정상의 극치입니다. 약자에 대한 배려, 인권에 대한 최소한의 상식도 없는 나라입니다.

그들이 말하는 화(和)는 그들만의 일방적인 개념입니다. 2만 5천 명의 자국민들에게 공권력을 동원하여 있을 수 없는 일을 자행하고도 어떠한 사죄도 배상도 없는 나라가 일본입니다. 이런 일본이 우리 위안부 할머니, 강제징용 피해자들에게 사죄할 리가 없습니다.

공자가 말씀하셨던 화이부동(和而不同)에서 화(和)는 다양성입니다. 자연의 다양한 것들은 자기 자리에서 다 자기 할 일이 있습니다. 조금씩 다른 그중에 하나라도 빠지거나 사라지면, 그걸 우리는 자연파괴라고 부릅니다.

사회의 모든 구성원들은 각자 제 역할이 있습니다. 노약자든 장애인이든 어느 한 구성원이라도 소외되면 그 사회는 건강하지 못하거나 오작동합니다. 그런 의미에서 일본은 화(和)의 민족이 아니라 동(同)의 민족 같습니다. 다양성을 존중하면서 화(和)로 나아가는 게 아니라, 일방적이고 폭력적인 단일성을 통해 동(同)으로 나아가고 있습니다.

신영복 선생은 화이부동을 "화(和)는 나와 다른 것은 존중하고 공존하는 원리이고, 동(同)은 흡수해서 자기 것으로 만드는 원리다"라고 말했습니다. 일제강점기의 내선일체(內鮮一體)를 보십시오. 우리에게 강요했던 내선일체, 동(同)이 되지 않으면 배제하거나 제거했습니다. 자국민들을 대상으로 한 우생보호법은 동(同)이 되지 않을 바에는 아예 제거하는 법입니다. 일본의 동(同)의 원리는 제국주의 원리이기도 합니다. 자기들의 정신과 문화를 강압적으로 따르게 하는 동(同)입니다.

그러니까 일본은 화(和)의 문명국이 아니라 동(同)의 야만국입니다. 일본은 이웃과의 역사왜곡도 모자라 자기들의 정신마저도 왜곡하고 있습니다. 자기들이 화(和)의 정신과 문화를 계승하고 있다는 집단착각에 빠져있습니다.

전후 일본 역대 총리 가운데 가장 보수적이라는 아베 신조가 이끄는 일본 내각은 새 연호에서 화(和)라는 단어를 다시 불러왔습니다. 레이와 이전 연호는 헤이세이(平成)였습니다.

우리는 화(和)의 가면 뒤에 숨어 있는 야만의 일본을 제대로 보는 눈을 길러야합니다. 제가 일본에 대해 공부하고, 페이스북을 통해 일본의 실체를 국민 여러분들께 알리고, 부족하나마 이 책을 펴낸 절박한 이유입니다.

역사상 가장 호전적이고 위험한 올림픽

욱일기(旭日旗)는 태생적으로 우월과 배타, 전쟁의 상징입니다. 전쟁에서 깃발을 올리는 건 개전(開戰)을 의미하고 깃발을 내리는 건 종전(終戰)을 의미합니다. 실제로 2차 세계대전의 상징 역시 동양에서는 일본의 '욱일기'였고 서양에서는 나치 독일의 '하켄크로이츠'였습니다.

나치의 깃발, 하켄크로이츠는 1945년 히틀러의 죽음과 함께 소멸되었습니다. 오늘날 독일은 하켄크로이츠의 사용을 법으로 엄격히 금지하고 있습니다. 그러나 일본의 욱일기는 여전히 떵떵거리며 휘날리고 있습니다. 2020년 7월에 열릴 도쿄올림픽에서 욱일기는 관중석과 거리에서 대대적으로 나부낄 것이 확실시됩니다.

일본 정부는 욱일기 사용을 용인하고 있습니다. 일본 외무성은 공식 홈페이지에 "욱일기의 디자인은 일본 국내에서 오랫동안 폭넓게 사용돼 왔다. 오늘날에도 욱일기 디자인은 풍어기나 출산, 명절 등 일상생활 속 다양한 곳에서 사용되고 있다"고 주장하고 있습니다.

또한 외무성 홈페이지에는 일본 정부 대변인인 스가 요시히데(菅義偉) 관방장관이 기자회견에서 언급한 "욱일기가 정치적 주장이나 군국주의의 상징이라는 지적은 전혀 맞지 않다. 큰 오해를 하고 있다고 생각한다"는 발언을 함께 내걸고 있습니다. 일본 정부는 동아시아의 평화를 사랑하는 많은 사람들이 주장하는 '욱일기=군국주의'를 전혀 인정하지 않고 '욱일기는 일본 전통의 일부'라고 강변하고 있는 것입니다.

일본 정부의 주장이 사실일까요? 아베의 일본 정부다운 교묘한 왜곡입니다. 붉은 태양을 중심으로 햇살이 사방으로 뻗어 나가는 모습을 욱일 형상이라고 합니다. 이것은 일본의 전통문화가 맞습니다. 태양숭배는 전 세계 많은 민족에게 나타나는 보편적인 현상 중 하나입니다. 태양에 기대어 어민들은 풍어를 기원하고, 무사들은 승리를 염원하곤 했습니다. 욱일기가 나타난 1870년 이전에도 욱일 형상은 곧잘 쓰였습니다.

그러나 욱일기는 전혀 다릅니다. 욱일 형상이 일본 육군과 해군의 깃발로 쓰이면서 욱일기는 일본군의 상징이 됐습니다. 욱일기의 빨간 원은 히노마루(태양), 천황을 의미한다고 합니다. 16개의 빨간 줄은 천황의 문양에 그려져 있는 국화잎 개수와 같습니다. 16갈래로 나 있는 빨간 줄은 세계만방으로 천황의 영향력을 확장시키겠다는 의지의 표현이라고 합니다. 의도하지 않았겠지만, 공교롭게도 피의 빨간색입니다.

욱일기 깃발 아래 일본 군국주의자들은 아시아를 침략했습니다. 피와 절규가 아시아의 땅과 바다를 덮었습니다. 욱일기는 침략과 학살의 상징이 됐습니다. 당연히 욱일기는 태평양전쟁에서 일본이 패전하면서 사라졌습니다. 그러나 1954년 자위대가 발족하면서 해상자위대와 육상자위대의 군기(軍旗)로 부활했습니다.

하켄크로이츠와 전혀 다른 운명입니다. 법으로 나치의 상징 사용을 금지한 독일과 달리, 일본은 정부 차원에서 욱일기를 옹호합니다. 전 세계 평화주의자들이 강하게 문제삼는 것은 욱일 형상이 아니라 욱일기입니다. 그럼에도 일본 정부는 욱일 형상을 내세워 욱일기에 담긴 피의 역사를 교묘히 감추고 있습니다.

올림픽의 기원은 서양입니다. IOC 역시 서양 사람들이 의사결정합니다. 그들은 나치의 직접적인 피해자입니다. 하켄크로이츠에 트라우마가 있습니다. 2차 세계대전 당시 욱일기가 프랑스, 영국, 폴란드를 휘젓고 다녔다면 지금의 IOC는 분명 욱일기를 허락하지 않았을 것입니다. 깃발 자체가 강력한 상징이기 때문입니다.

서양 사람들은 욱일기에 담긴 무서운 의미를 잘 모릅니다. IOC는 욱일기 사용 금지를 요청하는 평화주의자들의 목소리에 귀를 기울이지 않을 것입니다. 서구인들에게 욱일기=하켄크로이츠라는 '인식의 등식'이 머릿속에 각인되도록 노력을 기울여야겠습니다.

전쟁의 상징인 욱일기가 평화의 상징인 올림픽에 나부낀다는 건 그야말로 난센스입니다. 저는 욱일기가 나부끼는 도쿄올림픽을 강하게 반대합니다. 올림픽을 준비하고 있는 우리 젊은 선수들의 땀을 생각할 때, 선수들의 올림픽 보이콧까지 주장하고 싶지는 않습니다.

하지만 욱일기가 출렁거리는 일본의 거리에, 욱일기가 활개 치는 도쿄의 경기장에 양식 있는 우리 국민이라면 가서는 안 된다고 생각합니다. 우리 국민은 욱일기가 펼쳐지는 올림픽 관전을 거부해야 합니다. 욱일기 밑에서 경기를 본다는 것은 역사에 대한 죄악입니다.

올림픽을 통해 욱일기를 크게 내걸면서 일본의 우익들은 일본군 침략의 역사에 대한 면죄부를 노리고 있습니다. 욱일기 밑에서 생명을 잃고, 고통을 당한 수많은 아시아인들의 비극을 올림픽 경기의 환호와 박수 속에 덮으려 하고 있습니다. 결코 일본 우익들의 술책에 넘어가서는 안 됩니다. 그들의 본심은 올림픽을 평화의 장으로 여기고 있지 않습니다.

욱일기 사용이 금지되지 않는다면 올림픽 직접 관전은 있어서는 안 됩니다. 욱일기 밑에서 박수 칠 수는 없습니다.

욱일기가 저 높이 올라 있는 위험한 상징이라면 '후쿠시마(德島)'는 맞닥뜨려야 할 치명적인 현실입니다.

전 세계가 동시에 이렇게 불안해 본 적도 드물 것입니다. 나치와 히틀러 이후 어떤 '이름'만으로 이렇게 두려운 적도 2차 세계대전 이후 드물 것입니다. '후쿠시마발(發)' '후쿠시마산(產)'은 이제 공포의 대명사가 되었습니다.

일본은 세계에서 태풍과 지진이 잦은 나라 가운데 하나입니다. 그런 나라에 있는 방사능 폐기물은 부뚜막에 올려놓은 어린애입니다. 아베는 일찍이 후쿠시마 상황을 '통제가능(under control)'이라고 했습니다.

그러나 아무도 믿지 않았습니다. 2015년에도 폐기물 자루 240개가 유출된 전력이 있기 때문입니다. 방사능 폐기물이 정부의 통제 아래 있으려면, 자연재해를 완벽하게 통제해야 합니다. 지진과 태풍으로 방사능 폐기물이 유실되거나 흘러갈 수 있기 때문입니다. 아베의 거짓말이 '참말'이 되려면 '일본 정부는 지진과 태풍이 언제 시작되고 언제 끝날지 정확하게 안다'는 명제가 성립

되어야 합니다.

당연히, 세계 어느 나라도 지진과 태풍을 통제할 수 없습니다. 자연재해는 예측하기도 힘들고, 예측하고도 막을 수 없습니다. 지진과 태풍이 단골손님인 일본 역시 대비는 늘 취약했습니다.

이 말을 증명이라도 하듯 우려했던 일이 벌어졌습니다. 얼마 전 태풍 하기비스가 일본을 덮쳤습니다. 그로 인해 방사능 폐기물 15개가 사라졌습니다. 내용물이 없어진 2개의 자루도 발견됐습니다. 문제는 유실된 방사능 폐기물의 숫자조차 파악이 안 된다는 점입니다. 강으로 흘러 들어간 방사능 폐기물은 바다로 흘러갔을 가능성도 배제 못합니다.

자연재해에 의한 유출 외에도 인위적인 방사능 유포의 위험도 큽니다. 일본 정부는 방사능 오염수를 태평양에 방류하겠다고 하고 있습니다. 바다는 '세계의 우물'입니다. 일본의 행위는 그 우물에 실제로 독을 풀겠다고 나선 겁니다. 평화와 화합을 표방하는 올림픽을 치르겠다는 나라에서 말입니다.

이제 그들은 세계를 돌면서 성화를 릴레이 하는 것이 아니라, 성화 대신 방사능 오염수를 릴레이 하게 생겼습니다. 바다는 지구공동체의 '우물'입니다. 바다는 글로벌합니다. 돌아다니지 않는 곳이 없습니다. 그 거대한 우물에 방사능 오염수를 풀겠다는 건 공동체 구성원의 안전과 생명을 해치겠다는 거나 다름없습니다.

어쩌면 그들이 일으킨 전쟁보다 더 잔인하고 참혹한 범죄가 될 겁니다. 의도적인 방류든 자연적인 유실이든 그 결과는 비극적입니다. 바다로 흘러간 방사능 폐기물은 '제2의 가미카제'가 될 공산이 큽니다. 그 심각성은 '공습(空襲)'이 아니라 '해습(海襲)'이라는 차이 때문에 더합니다. 바닷물은 전 세계를 돌고 돌기 때문입니다. 세계의 모든 바다가 과거 '진주만'의 비극을 되풀이할지도 모릅니다. '방사능 가미카제'로 인해 말입니다.

좋습니다. 백번 양보해서 그들의 이 만행들이 아니라도 무조건 2020년 도쿄올림픽에 참가하자는 주장은 위험합니다. 서 있는 것만으로도 위험하고, 달리는 것이라면 더 위험합니다. 그 땅에서 난 음식을 먹고 물을 마시는 건 치명적이기 때문입니다.

후쿠시마 원자로는 체르노빌의 11배라고 합니다. 체르노빌은 사고 후 33년 만에 겨우 개방했다고 합니다. 하지만 일본 정부는 8년도 채 되지 않은 후쿠시마가 안전하다고 거짓말합니다. 일본이 역사왜곡과 범죄행위를 숨기는 데만 달인(達人)인 줄 알았습니다. 하지만 그들은 방사능 수치도 조작하고 피해 상황도 축소하는데도 달인이었습니다. 개전의 정도 보이지 않는 이 나라의 올림픽에 참가하는 게 과연 맞는 일일까요?

1964년 도쿄올림픽은 그야말로 부흥의 올림픽이었습니다. 패전국가의 열패감을 이겨내고 다시 선진국으로 올라서는 계기가 됐습니다. 일본 국민들의 땀과 노력도 한몫했습니다. 2020년 올림픽 역시 부흥 올림픽이라는 슬로건을 달았는데, 올림픽이 한 나라의 부흥을 과시할만한 수단인지는 잘 모르겠습니다.

저의 주장을 분명히 말씀드리겠습니다. 일본은 올림픽 개최권을 반납해야 합니다. 그렇지 않으려면 일본 정부는 선수와 관람객이 방사능 피폭으로부터 안전하다는 것을 과학적으로 분명하게 증명해야 합니다. 그리고 일본의 증명을 전 세계의 과학자들이 자유롭게 검증할 수 있도록 허용해야 합니다.

일본은 성화 봉송을 후쿠시마에서 시작하겠다고 합니다. 후쿠시마에서 야구 경기 등을 치를 예정입니다. 도쿄올림픽 조직위는 후쿠시마산 식자재를 선수촌 등에 공급할 수도 있습니다. 후쿠시마는 일본을 상징하는 대표 장소가 아닙니다. 끔찍한 원전사고의 발생지가 아니라면 후쿠시마에서 성화 봉송이 시작되지도, 인기 있는 야구경기가 열리지도 않았을 것입니다.

아베의 일본 정부와 일본 보수들은 올림픽을 통해 후쿠시마 원전사고에 대한 면죄부를 받으려 하고 있습니다. 일본이 안전한 나라라는 보증서를 올림픽을 통해 챙기려고 하고 있습니다.

일본 정부가 방사능으로부터의 안전을 조속한 시일 내에 과학적으로 의심의 여지없이 증명하고 철저한 검증을 수용하지 않는다면, 저는 우리 국민들의 도쿄올림픽 관전을 강하게 반대합니다. 우리 국민의 안전과 건강이 위협받으면서 일본의 불순한 의도에 말려들어갈 수는 없습니다.

일본이 세계인들이 방사능 걱정 없이 올림픽을 볼 수 있다는 것을 객관적으로 분명하게 증명하지 못한다면 전 세계는 단호하게 올림픽을 보이콧해야 합니다.

그 이유는 명확합니다. 첫째, 선수들의 생명과 건강에 치명적인 '방사능 올림픽'에 참석해야 할 이유가 없습니다.

둘째, '세계의 우물'인 태평양에 방사능 오염수를 뿌리겠다는 나라는 지구 공동체의 평화와 화합을 다지는 올림픽을 개최할 자격이 없습니다.

셋째, 올림픽은 평화와 화합, 상생을 상징합니다. 아베 총리와 일본 극우의 정치적 목적을 달성하는 무대로 활용될 올림픽에 들러리가 될 이유는 전혀 없습니다. 최근 욱일기까지 사용하겠다고 했으니 일본의 저의는 뻔합니다. 그런 올림픽은 히틀러의 베를린 올림픽 하나로 족합니다. 올림픽은 평화를 노래하는 무대이어야 합니다. 과거 침략전쟁 범죄와 미래 인류의 건강을 위협하는 또 다른 범죄에 대하여 면죄부를 주는 무대가 되어서는 결코 안 됩니다.

샌프란시스코 강화조약, 일본을 적반하장으로 만들다

'샌프란시스코 강화조약'

오늘날 한일갈등의 근본 원인을 찾다 보면 마주하게 되는 이름입니다. 강화조약은 1951년 샌프란시스코에서 패전국 일본과 미국 등 48개 연합국 간에 체결된 조약입니다. 일본판 베르사유조약이라고 할 수 있습니다. 이 조약으로 일본은 연합군의 점령통치를 받는 것에서 벗어나 주권을 회복했습니다.

우리나라는 초청받지 못했습니다. 한국 전쟁의 와중이었기도 했지만, 일본의 방해가 무엇보다 컸습니다. 한국을 전승국 명단에서 빼달라는 요시다 시게루 당시 일본 총리의 강력한 로비가 있었고, 그것이 받아들여졌습니다.

여기서도 미일 간의 '외교적 흥정'이 있었습니다. 그들의 이러한 '외교적 흥정'은 과거 전력이 있습니다. 1905년 가쓰라-태프트 밀약이 그것입니다. 당시 러일전쟁에서 승리한 일본은 한국에 대한 '보호권 확립'에 대해 미국으로부터 양해를 구했습니다. 대신 미국은 필리핀을 취하겠다는 것이 주요 내용입니다. 제국주의 국가들의 이해관계에 따라서 식민지 흥정을 한 것입니다. 샌프란시스코 강화조약 역시 다르지 않았습니다. 패전국인 일본이 이런 거래를 할 수 있었던 이유는 냉전과 한국전쟁 때문이었습니다. 미국은 피해자 한국보다 가해자 일본이 중요했습니다. 전범이라도 상관없습니다. 미국의 이해관계에 부합하면 전범이든 뭐든 자기편으로 만듭니다. 아시아에서 미국의 냉전전략은 남하하는 공산주의에 맞선 최후의 마지노선을 일본으로 뒀습니다.

이후 이어진 1965년 한일협정도 미국의 냉전전략이 밀어붙인 겁니다. 그로 인해 어떤 배상도 사죄도 없는 졸속 협정이 됐습니다. 일본은 이때다 싶어 1965년 협정으로 모든 것이 해결됐다고 선언했습니다. 그 기조가 지금까지 이어져 오고 있습니다. 지금의 지소미아 협정 역시 그 연장선상에 있습니다. 그러니 일본의 대한(對韓) 인식이 어떻겠습니까? 예나 지금이나 일본은 미국의 위세를 등에 업고 대한민국을 여전히 식민지 조선으로 생각하고 있습니다. 적어도 아베와 일본 우익의 인식은 식민지 조선에서 한 발짝도 나가지 않고 있습니다. 그들의 망언과 사죄 없음이 바로 그런 반증입니다.

가쓰라-태프트 밀약과 샌프란시스코 강화조약은 제국주의의 이해관계에 부합하면 전범국가라 할지라도 면죄부를 쥐어주고 적반하장(賊反荷杖) 할 수 있게 만들어 줬습니다. 샌프란시스코조약에 따르면 식민지배 배상을 받는 국가는 식민지로서가 아니라 승전국으로 배상을 받는 것입니다. 대표적으로 인도가 그랬습니다.

우리는 불행하게도 이 승전국의 명단에 들어가지 못했고, 한국의 식민지배와 관련된 배상과 사죄, 모든 것에서 책임질 일 없다는 일본의 논리는 여기에서 기인한 것입니다.

더더욱 안타까운 건 당시 한국을 일본의 2중대로 보는 연합국의 시선이었습니다. 연합국에 맞선 '종범국가(從犯國家)'를 위로하고 권리를 찾아주는 나라는 아무도 없었습니다.

이 대목에서 제가 가장 안타깝게 생각하는 두 가지가 있습니다. 하나는 상해 임시정부의 국내 진공 작전이 실현되지 못했다는 점입니다. 그 작전이 이뤄져 일본과 한반도 내에서 전쟁을 했다면, 연합국의 지위를 확보했을 겁니다. 그리고 승전국의 자격을 획득했을 것입니다.

그랬다면 지금 일본의 태도가 180도 달라졌을 겁니다. 우리가 연합국과 같은 승전국의 위치에서 강제징용, 위안부, 독도 문제를 거론했다면 일본이 저토록 오만방자하게 나왔을까요? 어림도 없습니다.

다른 하나는 한국전쟁입니다. 한국전쟁의 가장 큰 수혜자는 일본입니다. 반면 한국전쟁의 가장 큰 피해자는 한국입니다. 수많은 인명피해와 경제적 손실도 있었지만, 정치적 피해도 컸습니다.

샌프란시스코조약 체결 당시 한국은 전쟁 중이었습니다. 조약에 참여하려면 한 국가를 대표하는 대표성이 있어야 합니다. 과거의 식민지 국가에다, 분단되어 있고 전쟁까지 하는 나라에게 무슨 대표성이 있었겠습니까? 모르긴 몰라도 당시 일본의 한국 배제 논리는 그랬을 겁니다.

역설적으로 저는 여기서 지금의 한일 문제를 해결할 아주 작지만 한줄기 빛이 보입니다. 그것은 '북한'입니다.

2019년 지금도 일본은 여전히 반쪽짜리 대표인 한반도의 남쪽 국가, 남한과 마주 앉아 있습니다. 1951년 샌프란시스코에 초청받지 못한 그 분단국가의 형태로 말입니다.

일본은 당연히 그리고 여전히 '대표성'을 느끼지 못할지도 모릅니다. 그래서 '북한의 태도'가 한일관계의 근본적인 변화를 이끌어 낼 수도 있겠다는 상상력을 발휘해봅니다.

물론, 통일한국이 되면 완벽한 대표성을 가지게 됩니다. 하지만 통일은 한일관계보다 훨씬 더 시간이 많이 걸리는 문제입니다.

그래도 역사 문제에 관해서는 남한과 북한이 보조를 맞출 수 있습니다. 남북관계가 2018년 남북정상회담 시절로 되돌아간다는 전제하에서 말입니다. 와다 하루키 도쿄대 명예교수는 북미협상을 진전시키기 위한 일본 정부의 역할을 강조했습니다. 아베 총리가 보다 전향적인 입장에서 북일관계를 진전시켜야 한다고 말했습니다.

저는 조금 다른 관점에서 생각했습니다. 그 이유가 아니라도 일본이 북한과의 관계 개선에 목 매달 이유는 차고 넘칩니다. 정치적, 경제적으로 지금의 일본은 절실하게 북한이 필요합니다.

북미협상이 진전되고, 북일관계 개선이 이뤄진다면 동북아에서 일본의 역할은 더 커질 것입니다(그 틈을 타 일본이 군사대국으로 흐를 우려도 있습니다).

경제적으로도, 북한은 '늙은 일본'에게 매력적인 시장이 될 것입니다. 북미협상과 남북관계, 북일관계는 같은 바다에 떠 있는 배입니다.

북미가 좋아지면 남북이 좋아지고 북일이 좋아집니다. 북일관계의 칼자루는 상대적으로 느긋한 북한이 쥘 공산이 큽니다.

북한과 일본 사이에 협상 테이블이 차려진다면, 북한 역시 과거사 문제를 올려놓을 것입니다. 반드시 올려놓도록 해야 합니다. 우리는 '1965년 한일협정'이라는, 아무것도 해결하지 못한 '잘못된 선례'가 있습니다.

북한으로 하여금 '새로운 선례'를 만들게 해야 합니다. 반복하지만, 그러기 위해서는 남북한의 화해와 공조는 필수입니다. 그렇게 된다면 남북한의 긴밀한 공조는 어쩌면 역사상 처음으로 '완벽한 대표성'을 갖고 일본과 과거사 문제 해결에 나서는 것입니다. 아무쪼록 북미협상이 성공적으로 이뤄지길 기대해 봅니다. 문재인 정부가 일관되고 강력하게 추진하는 남북한의 화해와 협력은 한반도의 평화를 가져올 뿐 아니라 한반도와 일본과의 오랜 갈등에도 종지부를 찍을 수 있는 너무나 소중한 발걸음입니다.

사상의 대물림이 무서운 이유

일본 정치, 아베 신조 정치는 '대물림'이라는 한 단어로 설명됩니다. 대부분의 일본 정치인들이 2대, 3대 심지어 4대에 걸쳐 지역구를 대물림합니다. 아베 총리 역시 아버지의 지역구인 야마구치현을 물려받았습니다. 야마구치현은 아베 가문으로만 좁혀 보기에는 너무 큰 곳입니다. 조금만 더 역사를 거슬러 올라가면 이토 히로부미의 고향입니다. 무단정치로 악명 높은 데라우치 마사다케 조선총독도 이곳 출신입니다.

야마구치현의 옛 이름은 조슈번입니다. 야마구치현은 하나의 '지역'이지만, 조슈번이라 불리면 하나의 '사상'이 됩니다. 과거 조슈번에는 '요시다 쇼인'이라는 사상적 우두머리가 있었습니다. 요시다 쇼인은 일본 팽창주의를 주창했고, 정한론과 대륙침략의 이론적 사상적 근거를 제공한 인물이기도 합니다.

아베 신조는 총리 취임 후에도 그의 묘를 직접 방문해 존경을 표했습니다. 아베는 자기 입으로 요시다 쇼인을 '사상의 은사'라고 추켜세웁니다.

같은 곳에서는 같은 생각을 가진 사람이 태어나는 법입니다. 이미 언급했던 이토 히로부미는 요시다 쇼인이 가장 아끼는 제자였습니다. 명성황후 시해사건에 관여했던 오시마 요시마사 역시 그의 제자라고 할 수 있습니다. 이 사람은 아베의 외고조부입니다.

아베 총리의 외할아버지 기시 노부스케 전 총리도 두말할 것도 없이 요시다 쇼인을 추종했습니다. 아베도 이런 외할아버지의 영향을 받았음은 당연합니다. 이 '조슈번의 후예'들이 일본 내각과 '일본회의'라는 우익단체를 통해 현재의 일본을 좌지우지하고 있습니다.

과거 조슈번의 퇴행적 이념이 현재의 일본으로 회귀하고 있습니다. 그들이 그들의 영광을 재현하는 방법은 과거나 지금이나 똑같습니다.

'밖의 침략, 안의 결속'이 그것입니다. 우리와의 경제전쟁, 혐한(嫌韓)으로 내부결집, 헌법 개정, 아베의 장기집권까지가 그들의 수단과 목표입니다.

대물림은 위험합니다. 북한을 왜 위험한 국가라고 말합니까? 대물림되는 나라이기 때문입니다. 현재 일본이 북한의 정치체제나 권력구조에 대해 뭐라 할 입장이 못 됩니다. 자민당 일당 독재와 노동당 일당 독재가 그리 다르지 않고 '주체사상'과 '조슈번 사상' 역시 자기중심적 일방통행이라는 면에서 이란성 쌍둥이입니다. 자기들의 생각과 '다르다'는 모두 '틀리다'로 간주하는 사회 분위기도 비슷합니다. 다양한 정치는 죽고 엄혹한 통치만 살아남았다는 것도 똑같습니다.

이제 일본 내부에서도, 한일 경제전쟁을 촉발한 아베의 판단착오 얘기가 터져 나옵니다. 아베가 '일본회의'라는 극우단체와 극우인사의 장막에 갇혀 정상적인 판단을 못하고 있다는 뉴스도 심심찮게 들립니다.

긴말 필요 없이 조슈번의 사상적 가계(家系)를 따라 가보면 '조슈번의 사상'이 얼마나 위험한지 알 수 있습니다. 조슈번의 사상적 우두머리는 요시다 쇼인. 그 밑에는 조선을 식민지로 만든 이토 히로부미. 그 옆에는 무단정치로 조선을 무자비하게 탄압한 데라우치 총독. 명성황후 시해에 관여한 아베의 외고조부 오시마 요시마사. 2차 대전을 일으킨 전범 중의 한 명인 기시 노부스케. 그리고 그 외손자 아베 신조.

이렇게 하나하나 뜯어보면 '조슈번의 사상'은 참으로 무섭습니다. 혈연과 지연을 거쳐 사상의 대물림이기에 더 무섭습니다.

사상의 대물림이 더 위험한 이유는 그것이 '종교'로 발전될 가능성 때문입니다. 히틀러의 나치즘이 치명적이었던 이유는 그것이 정치이념이 아니라 하나의 '종교'였기 때문입니다.

전후 독일은 철저한 반성을 통해 나치즘을 끊어냈습니다. 전후 일본은 조슈번의 사상적 대물림과 절연했을까요? 어느 나라에서든 가장 중요한 책 중 하나는 미래세대가 배우는 역사 교과서입니다. 역사 교과서에는 한 세대가 다음 세대에게 하고 싶은 말이 그대로 농축되어 있습니다. 기성세대는 후세대에게 역사 교과서를 통해 계승할 것과 단절할 것을 구분해 전해줍니다.

독일과 일본의 역사 교과서는 어떻게 다를까요? 비슷한 과거를 가진 두 나라의 역사 교과서는 달라도 너무 달랐습니다.

독일 역사 교과서에 나치 관련 분량은 100페이지가 넘습니다. 일본 역사 교과서에 일본의 침략전쟁 분량은 2페이지에 불과합니다. 그 2페이지의 내용조차도 부실합니다.

우리나라와 관련된 역사 왜곡은 매우 심각합니다. 강제징용과 관련해서도 '조선인이 혹독한 조건에서 노동을 하게 됐다'고 기술하면서도 누가 시켰는지는 밝히지 않습니다. 참혹한 강제노동 현장인 군함도는 세계문화유산이라고만 소개합니다.

일본 역사 교과서의 패턴은 거의 비슷합니다. 가해 사실은 주체를 명기하지 않고 숨기거나 '있었다'는 정도로 소개합니다. 반면 일본의 피해 사실, 즉 자신들이 입은 원폭 피해 같은 건 아주 길고 자세하게 기술합니다.

독일 역시 일본과 같이 자기들의 부끄러운 과거를 숨기거나 왜곡하고 싶었을 겁니다. 그런데 왜 독일은 그렇게 하지 않았을까요? 독일이 두 번이나 전쟁에서 지고도 여전히 강대국인 이유는 많습니다.

저는 그 이유 중에서도 그들이 '과거를 다루는 방식'에 주목합니다. 독일인들은 과거에서 배웁니다. 그중에서도 성공과 잘한 일보다는 실패와 잘못에서 배웁니다. 어쩌면 그들은 아주 쉽게 생각했을 것입니다.

'예전의 잘못들을 제대로 가르치지 않는다면, 우리 후손들이 어떤 잘못된 결정을 내릴 때 판단할 기준이 사라진다. 다시 말해 어떤 잘못에 대해 수정하고 개선할 기회가 박탈된다. 그러면, 또 다른 히틀러가 나올 수 있지 않을까?' 이렇게 말입니다.

일본은 잘못된 침략의 역사에 눈을 감고 후세대에게 제대로 가르치지 않았습니다. 아베 신조는 태평양전쟁의 전범이었으나 일본의 총리가 됐던 외할아버지 손에서 컸습니다. 이 외할아버지는 외손자에게 자기들의 잘못을 잘못이라고 가르치지 않았습니다.

제대로 된 역사를 배우지 못한 '외손자 아베'는 똑같이 외칩니다. '우리는 잘못한 게 없다. 잘못했다고 가르치는 사람들은 패배주의자다.'

아베 신조는 모릅니다. 제대로 된 역사를 가르치지 않으면 일본의 미래가 패배할 것이라는 사실을.

저는 개인적으로 일본의 가장 큰 잘못은 사죄와 반성 없음뿐만 아니라 "잘못을 잘못이라고 가르치지 않는 것"이라고 생각합니다.

그럼으로써, 그 후손들로 하여금 반성과 실패에서 배우지 못하게 하고, 미래를 향해 나아갈 수 있는 길을 차단하고 있습니다. 이것은 그들이 겪은 원폭 피해보다 훨씬 더 큰 피해가 될 것입니다. 그때는 가해자가 따로 있었지만, 지금은 일본 정치인들과 극우단체가 가해자가 되어 그들의 국민과 후손을 피해자로 만들고 있습니다.

카뮈의 유명한 말이 생각납니다. "과거의 잘못을 단죄하지 않는 것은 미래의 범죄에 용기를 주는 것이다."

저는 아베와 일본 극우들에게 이렇게 바꿔서 말하고 싶습니다. "과거의 잘못을 가르치지 않는 것은 당신들의 미래를 공격하는 것이다."

아베의 아름다운 나라가 부디 김구의 아름다운 나라가 되기를

　최근 트럼프 대통령이 아베 총리에게 2차 세계대전 당시 일본 가미카제 특공대가 그런 행동을 하게 된 동기를 물었을 때, "그들은 단지 조국을 사랑했을 뿐"이라고 답했다고 합니다. 트럼프는 이 대답에 아마 놀랐을 것입니다.
　그는 아마도 성전(聖戰)을 부르짖고 세계무역센터 빌딩에 뛰어든 빈 라덴의 알카에다를 떠올렸을 것입니다. 지금도 미국과 유럽 도시 곳곳에서 벌어지고 있는 원리주의자들의 폭탄테러가 생각났을 것입니다. 아베 신조의 인식은 딱 이 수준입니다. 그가 말한 '아름다운 나라'도 이러한 인식과 무관하지 않습니다. 하지만 똑같은 말이라도 이렇게 하면 아름다운 나라는 정말 아름다운 나라가 됩니다. "나는 우리나라가 세계에서 가장 아름다운 나라가 되기를 원한다. 가장 부강한 나라가 되기를 원하는 것은 아니다. 내가 남의 침략에 가슴이 아팠으니, 내 나라가 남을 침략하는 것을 원치 아니한다. 우리의 부력(富力)은 우리의 생활을 풍족히 할 만하고 우리의 강력(强力)은 남의 침략을 막을 만하면 족하다." 백범 김구 선생이 일찍이 꿈꾸셨던 '아름다운 나라'입니다. 아베의 아름다운 나라와 비교해보면 어떻습니까?
　일본인들은 예로부터 특히 국가와 천황 앞에서 맹목적인 복종과 충성을 이야기합니다. 그들의 신념이 맹목적이고 처절할수록 더 아름답다고 했습니다.

그들 선조의 사무라이 정신에는 일본 특유의 잔인한 미학(美學)이 깔려 있습니다.

'조국을 사랑한 자살특공대', '주군에 대한 충성 할복', '천황을 위한 아름다운 자결', 그들은 이 모든 행위를 아름답다고 할 것입니다. 그리고 그들은 이 '아름답다'를 '미(美)'라고 표현할 것입니다. 하지만 저는 이 '아름답다'를 '미화(美化)'라고 부르겠습니다. 혼네를 숨긴 분칠에 불과합니다. 아베의 아름다운 나라는 전쟁할 수 있는 나라입니다. 그 나라는 침략전쟁을 평화전쟁으로 미화(美化)시키는 나라이며, 강제징용과 위안부를 부정하는 뻔뻔한 나라입니다. 중국의 위협과 북한 미사일을 핑계로 군국주의, 제국주의의 재시동을 거는 나라입니다.

이 추악한 '아름다운 나라'에 제동을 거는 세력을 키워야 합니다. 일본 내부적으로는 그나마 상식적이고 합리적인 보수 본류의 부활이 시급합니다. 일본 보수의 본류는 1951년 샌프란시스코 강화조약을 체결한 우익세력입니다. 그들의 특징은 침략국가 전범국가의 인정, 현재의 평화헌법 수호, 미국과 협력을 통해 경제대국으로 부흥하자는 요시다 시게루 총리로 대표되는 세력입니다.

반면, 지금의 극우세력은 1950년대 초반 평화헌법 개정을 주장한 비주류 세력입니다. 1993년 보수 본류가 자민당을 탈당, 당시의 비주류가 주류를 이뤄 지금의 아베를 위시한 극우세력이 되었습니다. 비주류의 대표 인물이 아베의 외할아버지인 기시 노부스케입니다. 침략과 팽창만이 살길이라고 주장한 요시다 쇼인의 사상적 계승자들입니다.

따라서 기시의 보수 비주류(현재의 극우세력)는 침략과 전범국가를 부정합니다. 평화헌법을 전쟁헌법으로 개정하고자 합니다. 미국과의 협력은 일치하지만 보수 본류는 미국과의 경제협력이고 지금의 극우세력은 미국과의 군사협력을 통해 전쟁을 치르려고 하는 점이 다릅니다.

결국 우리가 할 수 있는 일은 일본이 끊임없이 한국 내 친일 극우세력에게 줄을 대듯 우리도 소수로 전락해버린 자민당 본류세력에 대한 지원을 모색해야 할 것입니다. 정권교체까지는 힘들더라도 자민당 본류세력이 아베 극우세력을 견제할 수 있는 정치적 기반을 마련하는 데 도움을 줘야 할 것입니다.

저는 아베의 나라가 진정으로 아름다운 나라이기를 바랍니다. 김구 선생의 말씀을 제 방식대로 조금 바꿔 돌려 드리겠습니다. "침략의 나라가 되기보다 치유의 나라가 되어 주십시오. 평화헌법을 고칠 것이 아니라 한국과 아시아인들의 마음을 고쳐주십시오. 지금 일본의 강력(强力)은 남의 나라의 침략을 충분히 막을 만합니다. 더 이상 재무장을 할 필요도, 해야 할 이유도 없습니다. 아시아의 일원으로 되돌아오십시오. 언제까지 몸은 아시아에 있고 마음은 서양에 가 있을 것입니까? 아시아의 시대가 오고 있습니다. 미국과 유럽, 서구의 힘은 점점 소진해가고 있습니다. 서양의 일원도 되지 못하고 아시아의 이웃도 되지 못한 지난 세기를 생각해보십시오. 아시아가 세계의 핫 플레이스가 된다면 일본은 이도 저도 아닌 주변인으로 전락할 수밖에 없습니다. 아시아에서 일본의 고립은 아시아를 위해서도 일본을 위해서도 루즈-루즈(lose-lose) 전략밖에 되지 않습니다. 지금의 상황은 당신들의 후손에게 죄악이고 최악의 유산이 될 것입니다."

일본에는 노벨 문학상 수상자가 두 명 있습니다(2017년 수상자인 가즈오 이시구로가 있지만 이 사람은 영국으로 귀화하여 영국인이라고 할 수 있습니다). 한 사람은 가와바타 야스나리이고 다른 한 사람은 오에 겐자부로입니다. 두 사람의 정치적 성향은 많이 달랐다고 합니다. 1968년 가와바타 야스나리는 노벨문학상 수상 기념강연에서 '아름다운 일본과 나'라는 제목으로 일본의 신비성을 강조했습니다. 그의 정치적 성향은 알려진 바 없지만 일본 특유의 미(美)의식에 집착한 완벽주의자였습니다. 아베의 아름다운 나라도 여기에서 영향을 받지 않았을까 하는 추측을 조심스럽게 해봅니다.

반면 30년의 차이를 두고 오에 겐자부로는 '애매모호한 일본과 나'라는 제목으로 선배 소설가의 강연을 에둘러 비판했습니다. 알려져 있다시피 오에 겐자부로는 일본 군국주의와 평화헌법 개정을 반대하는 대표적인 인물입니다. 천황제 폐지를 주장하고 평화헌법 개정을 반대하며 한일관계 개선에 혼신의 힘을 기울이는 지식인입니다.

'애매모호하지 않은' 그는 일본의 성격을 애매모호함으로 규정했습니다. 혼네와 다테마에에서 줄다리기를 하는 일본의 특성을 얘기한 것입니다. 저의 견해를 덧붙이자면 위에서 지적했듯이 서양도 동양도 아닌 일본의 스탠스 역시 늘 애매모호했습니다. 오에 겐자부로가 가와바타의 아름다운 일본도 비판했는데 아베의 아름다운 나라 역시 비판하지 않았을 리 없습니다.

'아름다운 나라'의 정체도 애매모호합니다. '종전 기념일', '보통국가', '일본회의' 역시 애매모호합니다. 역대 총리들의 사죄와 반성 역시 애매모호한 말잔치입니다. 이 책의 목표는 이 애매모호한 일본의 장막을 걷어내고 민낯을 보여주기 위함입니다. 이 책을 통해 여전히 일본에 존재할 수많은 오에 겐자부로와 연대하고 싶습니다. 여전히 일본과 한국 사이에는 커다란 벽이 견고하게 서 있습니다. 하지만 생각을 바꿔 봅시다. 그 큰 벽을 밀어뜨려서 눕히면 한일 양국을 잇는 '한일대교(韓日大橋)'가 됩니다. 한국과 일본의 반(反)아베 양심세력들이 양쪽에서 힘을 합쳐 그 벽을 다리로 만듭시다. 어떤 외압에도 흔들리지 않는, 한일 양국의 건설적인 미래를 위한 문화적 인프라가 되게 합시다.

저는 국가적 시각에서 오늘과 내일의 한국을 보려고 노력해 왔습니다. 일본에 대한 철저한 탐구는 오늘의 한국에도, 우리 아이들이 살아갈 내일의 한국에도 꼭 필요하다고 생각해 연구했고, 그 결과물을 이렇게 내놓게 되었습니다. 이 책이 '한일대교'를 건설하는 데 필요한 작은 나사못이 되기를 바라면서….

1
일본 극우 DNA와 조슈번

아베와 야마구치

아베 신조(安倍晋三) 일본 총리의 지역구는 야마구치(山口)현 제4선거구이다. 아베 총리는 이곳에서 1993년부터 9번 연속 당선됐다.[1] 지역구 사무실은 시모노세키(下關)시의 간몬(關門)해협 인근이다. 간몬해협은 혼슈섬과 큐슈섬을 나눈다. 시모노세키는 혼슈

---

1) 일본 중의원은 1993년 제40대 선거까지는 중선거구제였다. 야마구치현의 경우 2개 선거구가 있었고 제1, 제2선거구에서 각각 1~4위 득표자를 당선자로 했다(아베 신조는 1선거구에서 첫 당선됐다). 1996년 제41대 중의원선거부터는 소선거구제로 바뀌었다. 야마구치현은 4개 선거구로 재편돼, 선거구에서 1위 득표한 후보만 의원이 되도록 했다. 시모노세키와 인근 지역은 제4선거구가 됐다. 아베 신조 의원은 그 후 제4선거구에서 8번 연속 당선됐다.

의 서쪽 끝으로 한반도와는 아주 가깝다.

아베 총리의 시모노세키 집은 시가지를 내려다볼 수 있는 고지대의 한적한 주택가에 있다고 한다. 부지 면적 2,000㎡(약 600여 평)에 달하는 큰 저택이다.[2] 야마구치를 기반으로 한 아베 총리 집안은 일본의 대표적인 정치인 가문이 됐다.

아베 신조 총리의 아버지 아베 신타로(安倍晋太郎)는 1958년 제28대 중의원 선거 때 야마구치 제1선거에서 처음으로 당선됐다. 그 후 아베 신타로는 1991년 세상을 떠날 때까지 야마구치현(県) 출신 10선 중의원이 되어 총리 후보에까지 오르게 된다. 아베 총리의 할아버지인 아베 간(安倍寬)도 태평양전쟁 이전인 1937년에 실시된 제20대 중의원 선거에서 중의원에 선출되는 등 야마구치에서 중의원 재선을 했다.

전후(戰後)만 따져도 아베 총리 집안은 야마구치에서 부자(父子)가 합쳐 19선, 60년 넘게 일본의 국회의원을 하고 있다.[3] 아베 신조에게 야마구치는 고향과 정치적 근거지, 그 이상의 의미다.[4] 근

---

2) 아오키 오사무 지음, 길윤형 옮김, 『아베 삼대- 도련님은 어떻게 우파의 아이콘이 되었나』, 서해문집, 2017.
3) 아베 총리의 친동생인 기시 노부오(岸信夫)도 현역 중의원 의원이다. 야마구치현 제2선거구에서 3선을 했다. 야마구치에서 참의원으로도 재선했다. 기시 의원은 자식이 없던 외삼촌의 양자로 기시 집안에 입적, 성이 기시(岸)가 됐다.
4) 아베 집안은 야마구치현 나가토(長門) 출신이다. 나가토는 시모노세키와 인접한 작은 어촌 도시이다. 나가토에는 아베 신타로의 묘소가 있다. 아베 총리는 2019년 8월, 부친의 묘소를 찾아, 강한 개헌의지를 밝히기도 했다.

현대 일본사를 좌지우지하고 있는 핵심 지역인 야마구치의 특성과 기질이 아베 신조에게도 그대로 배어 있는 것이다.

근현대 일본을 만든 야마구치

야마구치현의 옛 이름은 조슈번(長州藩)이다.[5] 일본의 전·현직 총리는 62명이다. 이 중 8명(12.9%)이 조슈의 후신인 야마구치 출신이다. 일본에는 47개 도도부현(都道府県)이 있다. 산술적으로 따지면 하나의 현이 총리를 2명 배출하면 평균 이상인 셈이다. 그런데 야마구치에서는 그 6배가 넘는 8명의 총리가 나왔다.[6]

특히 총리 재임기간 1-4위가 모두 야마구치 출신이다. 일본 언론에서는 '조슈벌(閥)이 독점하고 있다'라고 표현하기도 한다.[7] 일본의 47개 광역지자체 중 하나에 불과한 야마구치가 초대 총리인 이토 히로부미(伊藤博文)에서 시작해, 일본 현대사에서 빼놓을 수 없는 가쓰라 다로(桂太郎), 사토 에이사쿠(佐藤榮作)에 이어 최장수

---

[5] 1871년 일본은 대물림 영주가 다스리는 261개 번(藩)을 폐지하고, 중앙집권적 요소를 강화한 부현(府県)을 설치했다. 이때 조슈번이 야마구치현으로 바뀌었다.
[6] 민주당 소속으로 2010~2011년 총리를 지낸 간 나오토(菅直人) 전 총리를 포함하면 9명이다. 간 나오토도 야마구치현에서 태어났다. 그러나 13선 의원인 간 나오토는 13번 모두 도쿄에서 당선됐다.
[7] 아베 헌정사상 최장 재임일수에 : 톱 4는 "조슈벌"이 독점, 닛폰닷컴, 2019.11.8.

총리인 아베 신조까지 배출하며, 일본 현대사에서 독보적인 지위를 차지할 수 있었던 요인은 무엇일까.

일본 역대 총리 재임기간 상위 5위

성명 (생몰연대)	출신지	재임기간	총리 취임 전 주요 경력
아베 신조 (1954~)	야마구치	2886일+α (2006년~2007년, 2012년~)	중의원 의원, 자민당 간사장, 관방장관
가쓰라 다로 (1848-1913)	야마구치	2886일 (1901년~1906년, 1908년~1911년, 1912년~1913년)	청일전쟁 참전 일본군 사단장, 육군대신(가쓰라-태프트 밀약), 타이완 총독
사토 에이사쿠[8] (1901-1975)	야마구치	2798일 (1964년~1972년)	중의원 의원, 자유당 간사장 통신장관, 내무장관, 재무장관
이토 히로부미 (1841-1909)	야마구치	2720일 (1885년~1888년, 1892년~1896년, 1899년~1901년)	존왕양이(尊王攘夷)운동과 메이지 유신 적극 참여, 내각 제도 창설 (초대 총리에 오름)
요시다 시게루 (1878-1967)	도쿄	2616일 (1946년~1947년, 1948년~1954년,	영국대사, 외무차관, 태평양전쟁 등 반전운동 전개, 자유당 총재

---

[8] 사토 에이사쿠(佐藤榮作. 1901~1975) 전 총리는 아베 총리의 외할아버지인 기시 노부다케의 친동생이다. 두 형제의 성이 다른 것은 기시 노부다케가 양자로 가면서 '사토'에서 '기시'로 성이 바뀌었기 때문이다. 일본은 '핵무기를 보유하지 않고, 만들지 않고, 반입하지 않는다'는 비핵 3원칙을 추진한 공로로 1974년에 노벨 평화상을 받았다. 작은 외할아버지와 달리, 아베 신조는 관방부장관이던 2002년부터 수차례 일본의 핵무장을 주장해 오고 있다.

조슈번은 사쓰마번(薩摩藩·지금의 가고시마현)과 함께 도쿠가와(德川) 막부를 타도한 주역이다. 조슈와 도쿠가와 막부는 수백 년간 불편한 관계였다. 조슈번을 세운 것은 모리(毛利) 가문이다.

모리 가는 도요토미 히데요시와는 가까웠다. 임진왜란 때 여러 번 중에서 가장 많은 병사(약 3만 명)를 조선 침략군에 내놓았다. 도요토미 사후 일본 역사상 가장 큰 전쟁인 세키가하라 전투가[9] 벌어진다.

모리 가문은 도요토미의 후계자를 지지하는 서군의 대장을 맡았다. 이 전투의 승자는 도쿠가와 이에야스(德川家康)의 동군이었다. 모리 가문은 영지가 4분의1로 축소되는 등 혹독한 불이익을 받는다. 에도 막부 260여 년간 조슈는 철저한 비주류 신세였다.

조슈의 뿌리 깊은 반(反)막부 정서는 막부를 무너뜨린 1868년 메이지유신의 주역들을 길러냈다. 차기 정권은 이들 유신(維新)의 공신들에게 넘어갔다. 주역들 간의 내전이라도 할 수 있는 1877년 세이난(西南)전쟁에서 가고시마의 사이고 다카모리(西鄕隆盛)는 패배 후 자결을 한다. 사쓰마-조슈 양강체제는[10] 무너졌다. 조슈

---

9) 1600년에 있었다. 임진왜란 때 참전했던 왜군 장군들도 동·서군으로 나눠 서로 간에 싸웠다. 고니시 유키나가, 이시다 마츠나리, 우키타 히데이에는 서군, 가토 기요마사, 구로다 나가마사는 동군의 주축이었다. 이순신 장군에게 한산도 대첩 등에서 쓰라린 패배를 당한 와키자카 야스하루(脇坂安治)는 서군으로 참전했으나 배반의 길을 걸었다.
10) 1866년 3월 일본 에도시대 후기 사쓰마번(薩摩藩)과 조슈번(長州藩) 사이에 체결된 정치적 군사적 동맹으로 삿조(薩長)동맹이라고도 한다.

가 1강(强)이 됐다. 조슈번 출신들이 신정권의 중심에 서게 된 것이다.

일본의 드라마나 다큐멘터리 프로그램에서 조슈 사람들, 특히 남자들은 대단히 강한 성격으로 그려진다고 한다. 자신들을 지금도 야마구치 출신이라기보다는 옛 이름인 조슈 출신으로 곧잘 소개하는 등 조슈에 대한 자부심이 강하다고 한다.[11]

도쿠가와 막부를 연 이에야스는 임진왜란에 참전하지 않았다. 이에야스는 총칼로 일본의 통치권을, 임란을 일으킨 도요토미 가문에게서 빼앗았다. 260여 년 후 도쿠가와 가문을 무너뜨린 조슈벌(長州閥), 이들에게는 임란 때 최대 규모 원정군을 한반도에 보낸 모리 가문의 역사가 배어 있었다. 조슈번의 호전적 기질이 19세기 말 다시 동북아시아 역사에 등장하게 된다. 조슈번과 한반도와의 악연이 다시 강하게 재연된 것이다.

조슈번의 대표 주자가 바로 정한론의 선구자 요시다 쇼인, 을사늑약을 강요하고 고종을 강제 퇴위시킨 이토 히로부미, 일본 육군의 아버지 야마가타 아리토모 그리고 명성황후를 시해한 아베의 외조부 오시마 요시마사이다.

---

11) 이춘규, 『일본의 야욕 아베 신조를 말하다』, 서교출판사, 2017.

아베 총리의 정신적 지주 요시다 쇼인

아베 총리는 가장 존경하는 인물로 수차례에 걸쳐 같은 고향 사람인 요시다 쇼인(1830~1859)을 꼽았다.[12] 2013년 8월 총리가 된 뒤 현역 총리로는 처음으로 요시다의 신사를 참배하기도 했다.

일본의 근대사에서 요시다 쇼인은 사카모토 료마(坂本龍馬 1835~1867)와 함께 일본인들이 선호하는 대표적인 인물이다. 요시다는 29세에, 사카모토는 31세에 각각 처형과 암살을 당했다. 짧은 생애 동안 풍운아로 치열하게 한 시대를 헤쳐 나가려 한 점이, 실제 업적 이상으로 후세대 사람들에게 매혹적으로 다가온 측면이 있다.

요시다가 끼친 영향은 크게 세 가지이다. 첫째로 그는 맹자(孟子) 사상에 기반을 두고 '천하는 천황이 지배하고, 그 아래 만민은 평등하다'는 '일군만민론(一君萬民論)'을 주장했다. 막부(幕府) 지배를 부정하는 사상으로 존왕양이 운동의 사상적 토대가 됐다. 당시로서는 급진적인 견해였다.

둘째로 정한론(征韓論)의 선구자다. 요시다는 '일본이 국력을 키워 서양한테 당한 것을 뺏기 쉬운 조선, 만주, 중국에서 되찾자'는

---

[12] 아베 신조 총리, 존경하는 요시다 마츠카게(松陰)와 함께 러일 수뇌회담 결 "지금까지의 발상에 얽매이지 않고 결과를", 산케이신문, 2016.10.13.

주장을 폈다. 요시다는 일본의 메이지유신과 강화도조약 이전에 죽었다. 요시다의 생존 동안 일본의 국력은 제 앞가림하기에도 벅차 조선, 만주를 언급할 형편은 못 되었다.

요시다의 주장이 조선과 만주의 병합까지를 의미하지는 않았을 것이다. 요시다가 그렇게까지 먼 훗날을 내다볼 정도의 혜안을 가진 인물이라고 보기는 힘들다. 그러나 요시다가 미국의 힘에 눌려 개항을 당하고 혼돈에 빠진 그 당시의 일본 형편에서, 청년들에게 '큰 그림'을 제시한 것으로 평가받고 있다.

요시다는 쇼카손주쿠(松下村塾)라는 작은 사설 교육기관을 만들어 젊은이들을 길러냈다. 요시다의 학당에는 조슈번의 청년들이 주로 입학했다. 조슈번 출신들이 새 정권의 주역이 되면서, 쇼카손주쿠 문하생 중에서 총리와 장군 등이 대거 배출됐다. 이토 히로부미, 다카스기 신사쿠(高杉晋作), 이노우에 가오루(井上馨),[13] 야마가타 아리토모와 데라우치 마사다케(寺內正義) 등이 바로 그들이다. 요시다의 사상 등은 그가 가르친 젊은이들을 통해 근현대 일본사에 상당한 영향을 끼치게 된다.

조슈 즉 야마구치 출신들은 조선 침략의 핵심으로 나서게 된다. 초대 조선통감 이토를 비롯해 2대 통감 소네 아라스케(曾禰

---

13) 외무대신, 내무대신 등을 역임했다. 강화도조약, 한성조약 체결에 관여했고, 1894~95년에는 조선 공사를 지내는 등 외교 쪽에서 조선 침략을 이끈 핵심이었다.

荒助), 3대 통감이자 초대 총독인 데라우치가 모두 조슈 출신이다.[14)15)] 메이지유신 후 일본 육군의 군권을 가졌던 야마가타는 조선 주둔군의 실질적 최고 지휘권자였다. 야마가타와 데라우치 모두 총리를 지내며 일본의 팽창정책을 이끌기도 했다.

조선을 침략하고 강제병합했으며 가혹하게 조선인을 착취했던 일본의 우두머리들은 조슈 출신이라는 공통점이 있다. 직·간접적으로 요시다 쇼인의 영향을 받았다.[16)] 요시다를 정한론의 선구자라고 부르는 이유이기도 하다. 이런 요시다에 대해 각별한 존경심을 가지고 있음을 공공연히 말하는 것이 아베 신조 일본 총리다.

아베 총리의 할아버지와 아버지

아베 총리의 친할아버지 아베 간은 야마구치현에서 중의원 재

---

14) 조선통감·총독은 총 10명이다. 이 중 4명이 조슈(야마구치) 출신이다. 데라우치 후임으로 2대 총독이 된 하세가와 요시미치(長谷川好道)도 역시 조슈에서 태어났다. 하세가와는 데라우치와 마찬가지로 무단통치를 자행해 조선인을 혹독하게 다뤘다. 하세가와는 을사조약 당시 조선 주둔군 사령관이기도 했다.
15) 마지막 조선총독 아베 노부유키(阿部信行)는 조슈 출신이 아니다. 이시가와(石川)현 출신이다. 성(姓)의 한자도 다른 등 아베(安倍) 총리와는 혈연적으로 무관하다.
16) 오시마 요시마사(大島義昌)도 조슈번 출신으로 요시다의 영향을 받았다. 오시마는 아베 총리 할머니의 외할아버지. 오시마는 1894년 청일전쟁 때 일본군의 여단장으로 한성에 와 경복궁을 점령했다고 한다. 육군 대장으로 예편했다.

선을 했다. 아베 간(安倍寬)은 도쿄대를 졸업하고 마을 촌장과 지방의원을 거쳐 국회의원이 된 자수성가형 정치인이었다.

1941년 12월 태평양전쟁을 일으킨 도조 히데키(東條英機) 정권은 모든 정당을 해산했다. 그리고 '대정익찬회(大政翼贊會)'라는 어용단체를 만들었다. 대정익찬회는 전쟁을 치르는 일본 군부에 협력하는 인사들만 중의원 후보로 추천했다.

1942년 중의원 선거에서 대정익찬회는 전체 당선자의 82%를 차지했다. 비익찬(非贊會) 후보는 선거기간 내내 경찰의 탄압을 받았다고 한다. 아베 간은 비익찬 후보로 당선됐다. 아베 간은 선거 공보에서 '일을 해도 생활의 안정을 얻을 수 없는 노동자들이 넘쳐나고 있다'고 주장했다. 전쟁 중에 야당 성향 후보로 출마해 당시로서는 대담한 주장을 편 것이다. '반골과 반전의 정치인'이었다고 한다.[17]

아베 간은 52세 때인 1946년 사망한다. 아베 총리는 1954년생이다. 할아버지를 본 일이 없다. 친할머니는 1930년대 중반 31세의 나이로 숨졌다고 한다. 당연히 아베로서는 친할머니에 대한 추억이 전혀 없다.[18]

야마구치현은 한반도와 가깝다. 아베 총리의 지역구 사무실이

---

17) 아오키 오사무 지음, 길윤형 옮김, 앞의 책.
18) 이춘규, 앞의 책.

있는 시모노세키는 관부(關釜)연락선이 다녔고, 부관(釜關)훼리가 다니는 곳이다. 가까운 상대는 친밀할 수도 있고 적대적일 수도 있다.

야마구치에서 한반도 침략의 수괴들이 다수 배출됐다. 그러나 조선인과 긴밀한 관계를 맺은 야마구치 사람들도 적지 않았다고 한다. 아베 총리의 아버지 아베 신타로(安倍晋太郎)는 친밀한 쪽이었다. 신타로는 재일조선인들과 협력적인 관계였다. 재일조선인들과 대화 창구를 열어 놓고, 선거나 지역활동 등에서 도움을 주고받는 사이였다고 한다.[19]

신타로는 보수 정치인이었지만 반전, 평화주의를 추구하고 금권부패를 규탄한 아버지 간을 평생 자랑스러워했다. 젊은 시절 기자로 있었던 마이니치신문에 1985년 쓴 자전적 연재 글인 '젊은 날의 나'에서 "아버지는 대정당(익찬회)을 적으로 돌리고 그 금권부패를 규탄했으며, 평생 일관되게 전쟁에 반대하는 자세를 이어갔다. (아버지에게서) 신념과 청렴결백함을 배웠다"고 회상한 바 있다. 신타로는 기시 노부스케 전 총리를 장인으로 둔 덕분에 출세가 빨랐지만, "나는 기시 노부스케(岸信介)의 데릴사위가 아니다. 아베 간의 아들이다"라고 즐겨 말하곤 했다고 한다.[20]

---

19) 아오키 오사무 지음, 길윤형 옮김, 앞의 책.
20) 아주경제, 2019.8.13.

신타로는 1948년 도쿄대 정치학부를 졸업하고 마이니치신문 기자를 8년 했다. 1951년 기시 요코와 결혼했다. 1957년 총리가 된 장인의 비서가 돼 총리를 보좌했다. 1958년 34세 때 중의원 선거에서 당선돼 정치인으로 변신한다.

아베 신타로 주요 정치 연보

연도(나이)	직책 및 활동	비고
1967(43세)	농림 정무관 취임	사토 에이사쿠 2차 내각
1971(47세)	자민당 부간사장	사토 에이사쿠 당 총재
1974(50세)	농림장관으로 첫 입각	미키 다케오 내각
1977(53세)	관방장관 취임	후쿠다 다케오 내각
1982(58세)	당 총재 선거 출마	나카소네 야스히로에게 패배
1982(58세)	외무장관 취임(1334일 재임)	나카소네 야스히로 내각
1987(63세)	당 총재 선거 출마	다케시타 노보루에게 패배
1991(67세)	췌장암으로 별세	

아베 신타로는 10선 의원을 하고 자민당 총재 후보, 즉 총리 후보에 두 차례 올랐지만 총리는 되지 못하고 사망한다. 신타로는 중도보수 성향으로 일본의 현행 평화헌법을 옹호했다. 외무장관

시절 한국과 관련된 문제에 배려가 깊었다는 증언도[21] 있다. 아베 신타로에 대해서는 사람이 좋은 정치인이었다는 게 한국과 일본의 공통된 평가인 듯하다.[22]

아베 총리는 아버지 신타로의 외모를 많이 닮았다. 그러나 그것뿐이었다. 아베 총리의 유년 시절 아버지는 도쿄와 지역구가 있는 야마구치를 오가며 정치인으로 무척 바빴다.

아베 신조는 아버지보다는 외할아버지인 기시 노부스케(1896~1987. 총리재임은 1957.5~1960.7)의 사랑과 관심을 받으며 자랐다고 한다. 기시는 아베 신조가 3살 때 총리가 됐고, 6살 때 총리에서 물러났다. 성장과정에서 아베 신조는 외가 쪽과의 관계가 두터웠다.

아베의 정치적 스승, 기시 노부스케

아베 총리가 외할아버지인 기시 노부스케 전 총리를 존경하고 그 영향을 많이 받았음은 주지의 사실이다. 외할아버지 기시와

---

21) 이원홍(전 주일공사, 전 문화공보부장관), 패전 실상 모르는 총리, 아베 신조 연구, 이코노미톡뉴스, 2014.2.3.
22) 일본 정치와 문화에 밝았고, 일본 정치인들과 관계가 두터웠던 김종필 전 총리는 2015년 "아베 신타로는 사람이 참 좋았는데 이 사람(아베 총리)은 좀 그렇다"고 인물평을 했다(매일경제, 2015.2.24).

친할아버지 아베 간의 인생 항로는 사뭇 달랐다.

아베 간은 태평양전쟁을 일으킨 도조 정권에 협력하지 않았다. 도조 정권의 여당격인 대정익찬회 후보를 이기고 중의원이 됐다. 그러나 기시 노부스케는 전혀 달랐다. 일본의 대륙 침략과 태평양전쟁에 적극적으로 관여했다.

기시는 도쿄대 법대를 졸업 후 관료의 길을 걸었다. 일제가 세운 만주국에 가서 핵심 관료로 일했다. 아베 신조는 "외조부는 일청전쟁 직후 메이지 29년(1896년)에 태어났다. 일본이 부국강병의 노선을 달리며 크게 비약하던 영광의 시대가 그의 청춘이었고 그의 젊은 날 그 자체였다"고[23] 기시의 청장년 시대를 평가한다. 일제가 1910년 조선병합에 이어 1931년에 만주사변을 일으켜 만주를 장악하는 대륙 침략 전쟁을 벌인 것을 아베는 '영광의 시대'라고 칭송한 것이다.

기시는 만주에서 관동군 참모장이었던 도조를 만났다. 도조가 총리가 되자 상공장관을 맡아 전시 내각의 일원이 됐다. 중의원도 했다. 일본의 패전 이후 고향인 야마구치에 가 있던 기시는 A급 전범으로 체포됐다. 그러나 기시는 처벌을 받지 않고, 도조가 처형(1948.12.23.)된 다음날 도쿄 스가모 형무소에서 석방된다.

---

23) 제2차세계대전 종전70년-아베 총리와 역류의 계보, 아카하타신문, 2015.1.25.

1952년 정계에 복귀한 기시는 1955년 보수대통합으로 자민당이 창당되자 초대 간사장을 맡게 된다. A급 전범이 집권당의 살림을 책임지는 당 2인자가 된 것이다. 기시는 1957년에는 제56대 일본 총리에 올랐다.

기시 총리는 내정 면에서는 헌법 개정을 목표로 삼았고, 대외적으로는 미국과 동맹관계를 강화하기 위해 미일안보조약 개정에 힘을 쏟았다. 기시의 평화헌법 개정 시도는 불발로 끝났다. 아베 신조는 "종전 후 일본을 적대시하는 점령군이 만든 틀에 지금까지 속박돼 있다. 이 전후 체제로부터 탈각하지 않으면 진정한 일본의 모습, 즉 아름다운 일본으로 돌려놓지 못한다는 것이 내 진의이고 내각의 사명이다"고 말해,[24] 외할아버지가 못다 한 과업을 자신이 하겠다고 밝혔다. 기시의 정치적 후계자임을 명확히 하고 나선 것이다.

미일안보조약 개정 시도는 일본 내에서 극심한 반대에 부딪쳤다. 안보조약개정안은 일본의 군 기지를 미군이 이용할 수 있도록 하고 있다. 전쟁의 참화를 기억하는 많은 일본 국민들은 일본이 군사기지화 되는 것을 꺼렸다.

조약 반대 시위대가 총리 관저를 포위하고, 시위를 하던 도쿄

---

[24] 아베 신조 총리, 헌법 개정의 신념… 조부 기시 노부스케 전 총리의 유지를 이어받아, 산케이신문, 2017.7.27.

대 여학생이 경찰과의 충돌과정에서 숨지는 일까지 일어났다. 그러나 미일안보조약은 많은 국민들이 국회를 에워싼 가운데 결국 개정되고, 기시는 그 직후 총리직에서 퇴진한다.[25]

기시는 1960년 총리에서 물러난 후에도 1979년까지 19년 간 중의원 의원을 계속하며 일본 정계의 막후 실력자 중 한 사람으로 군림한다. 기시와 박정희 전 대통령은 가까운 사이였다. 둘은 젊은 시절 만주국에서 일했다는 공통점이 있다. 기시는 박정희가 통일주체국민회의를 통해 체육관 선거로 유신 대통령에 당선되었을 때 일본을 대표해 경축사절로 왔고, 박정희의 장례 때도 서울을 찾았다.

기시는 반공을 강조하고 안보를 중시한 인물이었다. 기시는 태평양전쟁 때는 미국에 맞선 전범이었으나, 일본의 항복 이후에는 철저한 친미주의적 행보를 보였다. 기시의 안보 중시와 친미적 성향은 아베 신조에게도 그대로 이어진다. 아베 신조는 정치적 DNA를 친가가 아니라 외가 쪽에서 물려받았다.

---

25) 하종문, 진창수, 『근현대 일본 정치사』, 방송통신대출판부, 2008.

아베 신조의 성장과 정치 입문

아베 신조는 1954년 9월 도쿄에서 아베 신타로와 기시 요코(岸洋子) 사이의 둘째 아들로[26] 출생했다.[27] 도쿄 소재 사립학교인 세이케이(成蹊) 소학교, 세이케이 중학교, 세이케이 고교를[28] 나왔다. 대학도 세이케이대를[29][30] 선택, 1977년에 정치학과를 졸업했다. 일본에서는 같은 재단의 상급 학교로 갈 때에는 입시를 치르지 않아도 되기 때문에 아베는 무시험으로 대학까지 진학했다.

대학 졸업 후 1년가량 미국 남부캘리포니아대에 유학한다. 정규 학위 코스는 아니었다. 귀국 후 고베제강에서 3년간 회사원 생활을 했다. 28세이던 1982년에 당시 외무장관이던 아버지의 비서로 정계에 입문한다.

결혼은 1987년 33세 때에 했다. 배우자는 마쓰자키 아키에(松崎

---

26) 아베 신조에게는 두 살 위인 형 아베 히로노부(安倍寛信)가 있고, 다섯 살 아래인 동생 기시 노부오(岸信夫)가 있다. 아베 히로노부는 회사 대표라고 한다.
27) 일본 총리 관저 공식홈페이지에서는 아베 총리의 출생지를 도쿄라고 하고 있다. 그러나 중의원 홈페이지 의원소개란에는 아베 의원은 야마구치현 오쓰(大津)군에서 태어났다고 한다.
28) 1914년 개교한 전통 있는 학교로 오래전부터 부자들의 자녀가 많이 다녀 '도련님 학교'라고 알려져 있다.
29) 세이케이대는 미쓰비시(三菱) 계열의 학교로 미쓰비시 임원 출신들이 이사장을 맡아 왔다고 한다. 한국 대법원이 강제징용 피해 배상 판결한 관련 기업 중 한 곳이 미쓰비시이다.
30) 아베 신조는 대학 시절 양궁부에서 4년 간 활동했다. TV 프로그램에 출연해 양궁실력을 선보이기도 했다.

昭惠)³¹⁾이다. 아키에의 증조부는 일본의 첫 제과 주식회사인 모리나가(森永) 제과의 창업자이고, 아버지 마쓰자키 아키오(松崎昭雄)는 회사를 물려받아 경영했다. 아베 부부 사이에 자식은 없다.

부친이 1991년 암으로 사망하자, 아베 신조는 1993년에 실시된 제40대 중의원 선거에서 부친의 선거구인 야마구치 제1선거구에 출마했다. 10선 의원이던 아버지의 지역기반과 '총리의 손자'라는 후광이 더해져 아베 신조는 4명의 당선자 중에서 1위로 어렵지 않게 초선 의원이 된다.³²⁾

초고속 출세한 최연소 총리 아베

아베 신조 의원은 2006년 9월 52세 때 전후세대 출신 첫 번째 총리이자 역대 최연소로 내각 총리에 취임했다. 1993년 의원에 첫 당선된 지 13년 만의 일이다. 당시 5선 중의원이었다. 연공서

---

31) 아베 아키에는 1962년 도쿄 출생이다. 가톨릭 계열 학교인 세이신 여자전문학교(聖心女子專門學校)를 졸업했다. 일본 성공회에 속한 명문 사립대인 릿쿄(立敎) 대학원에서 비교조직 네트워크를 전공해 석사학위를 받았다. 아키에는 한류 팬이고, 한국어도 상당히 구사하는 것으로 알려져 있다. 총리 부인 자격으로 2013, 2015년 주일 한국대사관에서 열린 '한일 김장축제'에도 참석했다. 아키에는 이 자리에서 "한국 요리는 일본인이 모두 좋아한다"고 말하기도 했다(아베 아키에 총리 부인이 주일 한국대사관에서 '김장체험', 모토코리아, 2015.12.6).
32) 중선거구였던 1993년 선거 때 아베 신조의 득표율은 24.2%였다. 그 후 소선거구제 하에서 8차례 당선(야마구치 4선거구) 됐는데, 득표율은 54.3%~79.7%였다.

열이 강한 일본 정계에서는 극히 이례적으로 초고속 출세의 길을 내달린 것이다.

아베 총리의 전임자인 고이즈미 준이치로(小泉純一郞)가 10선 의원이던 59세 때, 고이즈미의 전임자인 모리 요시로(森喜朗) 전 총리도 역시 10선이던 63세에 총리에 올랐다. 모리 직전 총리인 오부치 게이조(小淵惠三)는 12선 때인 61세에 총리가 됐다. 전임자들이 30여 년의 의원 생활 끝에 정상에 선 데 비해, 아베 신조는 13년 만에 1인자가 된 것이다.

아베 신조 의원 주요 경력(초선~1차 총리까지)

연도(나이)	당선 횟수	직책	비고
1999(45세)	2선	자민당 사회부 회장	오부치 게이조 총재
2000(46세)	3선	관방 부(副)장관	모리 요시로 내각
2002(48세)	3선	관방 부(副)장관	고이즈미 준이치로 내각
2003(49세)	3선	자민당 간사장	고이즈미 준이치로 총재
2004(50세)	4선	당 개혁추진본부장	고이즈미 준이치로 총재
2005(51세)	5선	관방 장관	고이즈미 준이치로 내각
2006(52세)	5선	제90대 총리, 자민당 총재	

아베 의원이 짧은 기간에 승승장구할 수 있었던 요인은 무엇일까. 아베 신조는 '총리를 지낸 외할아버지와 10선 의원에 외무장관을 역임한 아버지'를 두어 출발선에서부터 유리한 측면이 있기

는 했다. 일반 국민이나 정계 실력자 그리고 언론 등의 주목을 받을 수 있는 '배경'을 둔 정치인이었다.

그러나 이러한 배경이 정치인으로서의 초년병 시절에는 큰 힘이 될 수 있지만, 어느 수준 이상의 정치인이 되기 위해서는 자기 스스로가 다진 역량과 천운이 있어야만 한다. 최연소 아베 총리를 만든 운(運)은 고이즈미와 북한에서 왔다. 또 이런 운을 국민적 지지도 상승으로 연결시켜 정권을 잡은 것은 아베의 천운이었고 대한민국에게는 불행의 서막이었다.

아베 신조와 고이즈미 준이치로

1995년 9월에 치러진 자민당 총재 선거. 하시모토 류타로(橋本龍太郞)[33] 통산장관과 고이즈미 준이치로 전 우정장관이 맞붙었다. 이 선거에서 하시모토는 의원 239명의 지지를 받아 72명의 지지를 받은 데 그친 고이즈미에 압승을 거뒀다.

고이즈미를 지지한 72명 중 한 명에 초선 의원이던 아베 신조

---

33) 1996년 1월~1998년 7월에 총리를 지냈다. 아버지도 후생장관을 지낸 의원이었다. "한국에 대한 침략과 식민지 지배는 인정하지만 태평양전쟁은 꼭 침략전쟁이었다고 말할 수 없다"는 궤변을 한 강경보수파였다. 총재 선출 당시 후생장관, 운수장관 등을 거친 11선 의원이었다.

가 있었다. 고이즈미는 2000년 모리 요시로 내각이 들어서자 과거에 자신을 도왔던 아베 신조를 관방부(副)장관으로 추천한다. 관방장관과 관방부장관은 총리 보좌, 국정 조율, 정부 대변인 등의 역할을 맡는 일본 관계의 최고 요직 중 하나다. 모리와 고이즈미는 같은 모리파 소속 정치인들이었다.

2001년 4월 총리가 된 고이즈미는 아베 신조 의원을 관방부장관에 계속 기용한다. 2002년 9월 아베 신조는 관방부장관 자격으로 고이즈미 총리를 수행하여 일본 총리의 첫 방북 길에 동행한다. 이 평양 방문이 아베를 훗날 일본 총리로 만들었다고 해도 과언이 아니다.

2003년 9월 자민당 총재 재선에 성공한 고이즈미는 파격적인 인사를 단행한다. 중의원 해산과 11월의 선거를 염두에 두고, 당내 2인자라고 할 수 있는 간사장에 3선 의원인 아베 신조를 전격적으로 임명한 것이다. 3선이면 일본 정계에서는 중진 취급도 받지 못한다. 최소 4~5선은 돼야 내각의 장관이나 국회상임위원장을 노려 볼 수 있다.

3선 의원 아베는 간사장 이전에 장관이나 당3역 등 주요 당직을 거치지도 못했다. 고이즈미 총재는 두 달 앞으로 다가 온 중의원 선거에서 여론의 지지를 받겠다는 계산하에, 북한의 일본인 납치 문제에 강하게 대처해 국민적 지지를 얻고 있는 아베를 당의 간판인 간사장에 전진 배치한 것이다.

3선인 아베의 간사장 기용은 자민당의 특징이었던 파벌 정치가 그 전에 비해서 꽤 약화되었음을 보여준 상징적 사건 중의 하나였다.[34] 1955년 체제로 성립된 자민당은 40여 년간 장기집권을 했다. 당은 파벌위주로 움직였고, 의원들은 파벌 보스에게 충성하고 같은 파벌끼리 결속력을 잘 다져야 공천을 받을 수 있었다. 공천장만 있으면 한 선거구에서 3-4명씩 뽑는 중선거구제 덕택에 당선은 어렵지 않았다.

그러나 1996년 소선거구제 실시로 1위 후보만이 당선될 수 있게 됐다. 의원들은 파벌보다는 여론의 동향에 더 많은 관심을 기울이게 되고, 이런 기류를 반영해 고이즈미는 당의 대표 얼굴 중 하나인 간사장 자리에 여론 지지도가 높은 아베 신조를 파격적으로 임명한 것이다. 그해 11월의 제43대 중의원 선거에서 자민당은 승리를 거두게 된다. 간사장이던 아베 신조는 젊은 의원들을 중심으로 당내 지지세를 넓힐 수 있었다.

2005년 고이즈미는 자신의 최고 역점사업이던 우정민영화를 위한 법안을 표결에 부친다. 이 법안은 중의원에서는 5표 차이로 간신히 통과됐으나, 참의원에서는 일부 자민당 의원들이 야당에

---

34) 세계일보, 2003.9.23

동조하면서 반대표를 던져 결국 17표 차이로 부결됐다.[35]

고이즈미는 만 2년도 안 된 제43대 중의원을 전격 해산하는 정치적 승부수를 과감하게 던진다. 당시 일본 언론들은 고이즈미의 선거 패배를 점쳤다. 그러나 2005년 9월 실시된 제44대 중의원 선거 결과, 자민당은 직전 의회보다 의석수를 80여 석 늘린 대승을 거뒀다.

총선 압승으로 고이즈미는 절대적 권한을 쥐게 됐다. 고이즈미는 "2006년 9월 당 총재 임기 만료 이후 총재와 총리를 맡을 생각은 없다"며 "(차기 총리에) 의욕을 갖고 있는 사람들이 많은 만큼 가급적 이들에게 활동 기회를 제공하겠다"고 밝혀, 차기 후보군을 가시화하겠다는 뜻을 분명히 했다.

이때 후보군으로 등장한 인물은 후쿠다 야스오(福田康夫) 전 관방장관, 아소 다로(麻生太郎) 총무장관, 다니가키 사다카즈(谷垣禎一) 재무장관, 그리고 아베 신조 간사장 대리 등이었다. 고이즈미는 개각 때 5선 의원이 된 아베 신조를 내각의 관방장관, 아소 다로를 외무장관으로 중용하여 후보군의 앞자리에 세웠다.

이때 막후의 실력자 모리 전 총리는 '아베 장관은 차차기가 어

---

35) 우정민영화 법안을 둘러싸고 당시 집권 자민당은 갈라졌다. 파벌 중 가메이 시즈카 의원이 이끈 가메이파와 호리우치 미쓰오(堀内光雄) 의원이 중심인 호리우치파 등 자민당 내 구파(舊派) 계열은 법안에 반대했다. 가메이파 소속이던 나카오카 요지 중의원은 파벌의 입장과 달리 찬성표를 던졌다가, 배신자라는 비난이 쏟아지자 2005년 8월 자택에서 자살하기도 했다.

떻겠느냐'는 견해를 피력한다. 당시 51세인 아베 장관이 집권할 경우 급격한 세대교체가 오는 것이 아니냐는 자민당 내 중진 의원들의 기류를 반영한 권고였다.

그러나 일본 국민들 사이에서 아베 대망론이 확산됐다. 2005년 10월 말 개각 직후 아사히신문이 실시한 여론조사에서 '차기 총리에 어울리는 인물'을 묻는 질문에 응답자의 33%가 아베 관방장관을 선택했다. 아소 다로 외무장관은 5%에 그쳤다. 마이니치신문과 니혼게이자이신문 여론조사에서도 아베 장관이 압도적으로 1위를 하는 같은 결과가 나왔다.[36]

아베 장관은 2006년 9월 당 총재 선거에 출마한다. 그는 '강한 일본'을 주창했다. '아름다운 나라 일본-지금 새로운 나라를 만들 때'를 핵심 선거 구호로 내세웠다. 아베에게 있어 '아름다운 일본'은 '강한 일본'인 것이다. 헌법 개정과 교육기본법 개정을 앞세워 주장했다.

당 총재 선거에서는 예상대로 아베 장관이 전체 703표(국회의원 403, 당원 300표) 가운데 과반이 넘는 464표를 받아, 경쟁 후보인 아소 장관과 다니가키 사다카즈 재무장관을 큰 표 차이로 물리쳤다. 아베는 당 총재가 됐다. 그리고 2006년 9월26일에 52세 나이

---

[36] 마이니치 조사에서 아베 장관은 28%, 니혼게이자이 조사에서는 41%의 여론 지지율을 기록했다. 다른 후보군들의 지지율은 한 자릿수였다.

에 일본의 제90대 총리대신에 올랐다.

고이즈미 총리와 정치적 인연을 맺고 정치 행보를 같이 한 것이 아베 신조가 정치적으로 부상하는 데 큰 힘이 됐다. 아베는 초선 의원 때 당 총재 선거에서 약세 후보인 고이즈미를 지원했다.

훗날 총리가 된 고이즈미는 전임 총리들과 달리 5년 5개월간 재임한 장수 총리가 된다. 그 덕택에 아베 신조는 그 기간 동안 부장관, 장관, 자민당 간사장 등을 역임하며 국정을 체험하고 당 조직을 주도적으로 관리하며 정치적 자산을 풍성하게 쌓을 수 있었다.

고이즈미는 경력으로만 보면 29세 때 첫 등원한 정치인이고 10선 당시에 총리가 된 일본 정계의 전형적인 기성 정치인이다. 그러나 그의 정치 스타일과 기질은 '외로운 늑대형(型)'의 이단아적 경향이 농후했다. 고이즈미는 '연륜'과 '계단'을 중시하는 일본의 파벌정치에서 벗어나려고 했다.

이것이 아베 신조에게는 큰 기회로 작용한다. 3선 의원에 불과했던 아베에게 파격적으로 자민당 간사장을 맡긴 것이다. '너무 젊다'는 당 원로들의 반발에도 불구하고 고이즈미는 아베를 총리 후보군에 내세웠다.

장관을 두어 차례 거쳐야 총리를 노릴 수 있는 것이 당시 일본 정계의 관행이었다. 그럼에도 아베 의원이 첫 장관 때 총리에 오를 수 있었던 것은 '계단'을 중시하지 않는 고이즈미의 스타일과 직전 선거에서 예상을 뒤엎고 당의 압승을 이끈 덕분에 당에 대한 장악력이 강해, 고이즈미의 의중이 당내 일부의 반발을 충분히 잠재울 수 있었던 당내 역학관계에 힘입었다.

그러나 고이즈미가 아베 신조를 유일한 후계자로 키운 것은 결코 아니다. 아베는 후보군 중 한 명이었다. 아베 신조에 대한 높은 여론 지지도가 아베가 다른 후보들을 압도할 수 있게 했다. 고이즈미가 아베 신조를 관방장관으로 부각시키기 이전부터 아베 신조는 차기 총리 여론조사에서 1위를 차지했다.[37]

일본 정치인 중 가장 이미지 정치를 중시했던 고이즈미는 아베 신조의 높은 인기를 내각 지지율 상승에 활용하기 위해 관방장관으로 중용한 측면도 있었다. 아베 신조의 인기는 '북한 때리기'에서 출발한다. 북한의 김정일은, 의도하지는 결코 않았겠지만, 결과적으로 아베를 띄운 제1의 도우미가 된 셈이다.

고이즈미 시대와 그 이전의 한일관계

2005년 12월 14일 말레이시아 수도 쿠알라룸푸르. 제1차 동아

---

[37] 일본 지지통신이 2005년 5월 실시한 여론조사에서 '차기 총리로 바람직한 인물'을 묻는 질문에 아베 신조 의원이 1위를 차지했다. 응답자의 32.8%가 아베를 선택했다. 이 조사에서 오카다 가쓰야(岡田克也) 민주당 대표, 오자와 이치로(小澤一郎) 민주당 부대표 등은 4%대 지지에 그쳤다(서울신문, 2005.5.23).

시아 정상회의가 열렸다. 노무현 대통령은 각국 정상들 앞에서 "독일은 일부 영토까지 포기할 정도로 잘못된 과거를 철저히 청산했다. 독일은 국가의 이름으로 전쟁에 나가 이웃에 고통을 준 사람들에 대해 일체의 추모시설을 만들지 않았다"고 말했다. 과거의 잘못된 침략행태에 대해 반성하지 않는 일본과 야스쿠니 신사참배를 연례적으로 하고 있는 고이즈미 총리를 겨냥한 노 대통령의 발언이었다.

정상회의에서 노 대통령에 앞서 마이크를 잡은 탓에 해명 기회를 갖지 못했던 고이즈미 총리는 정상회의 폐막 후 별도 기자회견을 갖고 반박에 나섰다. 고이즈미는 "한 명의 국민, 총리로서 자국 시설에서 평화를 빌고 전몰자에게 애도의 뜻을 표하는 것을 비판하는 마음이 이해되지 않는다. 전쟁을 미화하거나 정당화할 생각은 전혀 없다"고 주장했다.[38]

이날의 설전은 노무현 대통령과 고이즈미 총리의 스타일과 생각을 여실히 보여주고 있다. 노 대통령은 야스쿠니 참배에 대해 고이즈미의 면전에서, 대통령 본인이 직접 직격탄을 날렸다. 고이즈미 또한 그날이 가기도 전에 별도로 자리를 마련해 자신의 견해를 대놓고 털어놓는 등 거침없는 스타일이었다.

---

38) 세계일보, 2005.12.15.

노 대통령과 고이즈미의 관계는 불편했다. 고이즈미는 원자바오 총리 등 중국 지도부와도 냉랭했다. 그 이유는 무엇보다도 재임 5년 5개월 동안 고이즈미가 6차례나 야스쿠니를 참배했기 때문이었다. 노 대통령은 고이즈미의 야스쿠니 행을 강도 높게 비판했고, 고이즈미는 시기조절을 한 경우는 있으나 한중의 반대에도 불구하고 연례행사처럼 야스쿠니를 찾았다.

노 대통령과 고이즈미는 정치인으로서 비슷한 측면이 적지 않았다. 두 지도자는 기존의 정치행태에 대한 거부감이 강했다. 자민당 출신이지만 고이즈미는 2001년 '자민당을 깨부수겠다'고 공언하며 정권을 잡았다. 구태의연한 파벌정치 논리를 깨는 인사도 종종 감행했다. 노 대통령이 결단과 추진력이 있듯이, 고이즈미도 우정민영화법안이 참의원에서 부결되자 30분 만에 중의원 해산을 결정하고 반대하는 각료를 전격 해임하는 등 자신이 옳다고 믿는 일에는 주저하지 않는 돌파력을 보여줬다.

고이즈미 총리는 2005년 8월 종전 60주년을 맞아 "일본국은 일찍이 식민지 지배와 침략행위로 인해 많은 나라들, 특히 아시아 제국의 국민들에게 막대한 손해와 고통을 주었다. 이러한 역사적 사실을 겸허하게 받아들여 재차 통절한 반성과 진심으로 사죄의 뜻을 표명한다"는 담화를 발표했다. 2001년 10월 김대중 대통령과 정상회담을 위해 서울을 방문했을 때에는, 국립 현충원과 서대문 독립공원(옛 서대문형무소)을 차례로 방문, 헌화를 했다. 그는 서대문 독립공원에서 "일본의 식민지 지배로 인해 한국 국민에게 막대한 손해와 고통을 안겨준 데 대해 진심으로 반성하고 마음으로부터 사과한다"고 말했다.

야스쿠니 신사를 매년 찾은 고이즈미, 서울과 평양 그리고 도쿄에서 거듭 일본의 침략행위를 인정하고 사죄를 하는 고이즈미. 사과는 '정치적 쇼'이고 야스쿠니 행이 진심일까, 아니면 그 반대일까.

루스 베네딕트가 지은 『국화와 칼』이란 책이 있다. 2차 세계대전 종전 직전에 쓰인 아주 오래된 책이지만 지금도 읽히는 고전이다. 문화인류학자인 베네딕트가 보기에 일본인들은 탐미적이면서도 호전적이다. 국화를 즐겨 잘 가꾸면서도 칼을 숭배한다. 그들은 직업의 대물림을 당연시할 정도로 완고하지만, 다른 문화를 쉽게 받아들여 변용하는 적응력이 뛰어나다. '모순적인 이중성'이 자연스럽게 일체화되어 있는 것이 일본인이라는 것이 베네딕트의 주장이다.

고이즈미 시대의 동아시아 과거사에 대한 일본의 태도는 그들 특유의 '모순적인 이중성'이 수면 위에까지 강하게 나타난 것이 아닐까. '야스쿠니 행'도, '사과'도 고이즈미와 그 시대 일본 주류의 진심일지 모른다.

'전쟁을 미화하거나 정당화할 생각은 전혀 없다'고 주장하면서도, 침략 전쟁을 일으킨 주범들을 공개적으로 총리가 애도하는 모순된 행태를 반복하는 것이, 다른 나라 국민들 입장에서는 이해할 수 없는 태도이지만 그들에게는 자연스러운 행위가 될 수 있다.

고이즈미 시대 이전의 일본은 내심으로는 '국화와 칼'을 다 가지고 있으면서도, 감히 '칼'을 내보이지 못했다. 1951년까지 일본은 미국이 직접 다스렸다. 주권을 되찾은 이후에도 미국 주도의 세계 경제체제에 편입돼 가장 큰 혜택을 본 게 일본이다. 일본은 미국의 의도에 거슬리는 행위를 할 수가 없었다. 냉전체제에서 한국과 일본은 공산진영의 확장을 막는 미국의 동맹국으로서의 역할이 가장 중시됐고, 한국과 일본 사이의 균열을 바라지 않는 미국의 의도는 두 나라에 거의 그대로 관철됐다. 1990년대 이전까지 한국과 일본 사이에 독도 문제와 일본의 교과서 왜곡 등으로 갈등이 빚어지기도 했으나, 오늘의 시각에서 보면 그 갈등은 찻잔 속의 태풍 수준이었다.

냉전 종식 후 1990년대 일본은 이제는 독자적으로 동아시아 관계를 정립해야 할 국가적 필요성을 느꼈다. 미국의 영향력이 쇠퇴하고 일본이 경기침체에 접어들면서 일본 내에서는 움츠려 있던 '칼'의 세력들이 서서히 기지개를 켜기 시작했다. 1997년에는 강경보수의 본산인 일본회의가 출범하기도 했다.

그러나 일본 내 주도권은 전통 보수에게 있었고, 이들은 동아시아 침략에 대한 역사적 과오를 인정하고 사과하기를 택했다. 이 과정에서 아키히토 일왕의 거듭된 사과와 고노 담화, 무라야마 담화 등이 나왔다. 물론 이때에도 일본은 신속하게 전면적이며 과감한 사과를 하기보다는 사과의 수준 등을 외교적 협상 등의 수단 등으로 활용하는 단계적 상향의 방식으로 사과를 함으로써, 동아시아인들에게 '일본은 진솔하지 않고 철저하지 못하다'는 인식을 갖게 했다. 또 일본의 매파들은 '한중은 언제까지 사과를 요구할 것이냐'는 불만을 터뜨리는 등 상호 불신을 낳게 됐다.

김대중, 김영삼, 김종필 등 1990년대 한국을 이끌었던 지도자들은 일본을 잘 알았다. 이들은 일본의 전통 보수들 및 진보적 일본인들과의 교분도 두터웠다. 1990년대 말 김대중 대통령과 오부치 게이조 총리가 만들어 낸 '한일 파트너십 선언'은 우호적인 한일관계의 정점이었다. 그때까지만 해도 일본인들 내면에서는 서서히 '칼'이 커가고 있었지만, '국화'를 누르지는 못하는 시대였다.

고이즈미 시대의 일본은 국화와 칼이 수면 위에서 병존하는 시대였다. 보통의 국가들은 국화를 가진 사람과 칼을 가진 사람으로 나뉜다. 국화 세력과 칼 세력이 서로 사회의 주도권을 놓고 다툰다. 일본에도 국화만을, 혹은 칼만을 가진 사람이 있다. 그러나 일본은 베네딕트의 지적대로 국민 한 사람, 한 사람에게서 국화와 칼이 자연스럽게 뒤섞여 있는 경우가 너무 많다. 그것이 일본이다.

'(전쟁 범죄를) 사과하지만, (전쟁 범죄의 주동자들을) 추모도 하겠다'는 기괴한 병존이 고이즈미의 시대였다.

고이즈미 다음인 아베 신조의 시대는 달랐다. 2000년대 들어 고이즈미와 아베 신조를 제외하면 1년 6개월 이상 총리를 한 인사는 없다. 하지만 아베 신조는 결코 국화만을 가진 사람이 아니었다. 또한 칼만을 가진 사람도 아니었다. 물론 아베는 고이즈미와 달리 '칼 우위형(型)' 인간이다.

그래도 2006년 1차 총리 전만 해도 아베의 내면에 국화는 꽤 피어 있었다. 그러나 2012년 2차 총리가 됐을 때에는, 아베의 국화는 많이 시들었고 칼은 날카롭게 날이 서 있었다. 아베는 실용적이고 현실적인 정치인이다. 제대로 걷기도 전부터 현실정치를 보고 들으면서 자랐다. 국화가 만발한 시대였다면 아베는 내심에서 칼을 죽였을 것이다. 아버지, 할아버지와 달리 '칼 우위형'이던 아베는 국화가 시들어 가는 시대를 만나자 물 만난 고기마냥 기뻐하며 내면의 국화를 팽개쳤을지 모른다.

많은 일본인들은 칼과 국화를 다 가지고 있는 걸로 보인다. 지금 일본의 거센 우경화 바람은 국화를 키우기에는 환경이 너무나 좋지 않다. 일본인 스스로의 각고의 노력과 국제사회의 지원으로 우경화 바람을 잠재우지 못한다면, 내면의 칼을 숭상하는 일본인들이 많아질 것이다. 그렇게 되면 아베 신조라는 사람은 정치적으로 퇴장하더라도 제2, 제3의 아베가 나타나, 퇴행의 일본을 더욱더 확대 재생산하려 하고, 동아시아는 갈등의 늪에서 더 허우적거리게 될 것이다.

2
아베,
칼로 역사의 진실을 베다

2006년 9월 26일 저녁 도쿄. 일본의 제90대 총리가 된 아베 신조(安倍晋三)는 취임 첫 기자회견을 가졌다. 이 자리에서 아베 총리는 "일본은 아시아 국가의 일원이다. 근린국인 한국, 중국 등과의 관계를 더욱 긴밀히 하도록 노력하겠다"고 말했다. 또 아베 총리는 "한국은 자유, 민주주의 인권 등 기본적 가치관을 공유하고 있다. 양국의 신뢰관계를 발전시켜 나가도록 하겠다"고 덧붙이기도 했다. [39]

 '강한 일본'을 앞장서 말하고, 북한의 미사일 기지를 선제공격

---

39) 경향신문, 2006.9.27.

할 수 있도록 자위대를 강화하자는 주장을[40] 내놓는가 하면, '소형이라면 원자폭탄 보유도 괜찮다'고 말해 일본이 오랜 기간 견지해왔던 비핵 3원칙(핵무기는 만들지도, 보유하지도, 반입하지도 않는다)의 포기를 뜻하는 강경 발언을[41] 거듭해 우익의 황태자라고 불렸던 아베 신조의 총리로서 첫 발언치고는 꽤 의외였다.

한국의 언론들과 전문가들은 아베 신조의 우익 성향에 대한 의구심을 잃지 않으면서도, 한일관계 회복에 대한 기대감 또한 숨기지 않았다. 한일관계 전문가인 이원덕 국민대 교수의 당시 진단이다.[42]

"그의 우파 성향이 짙은 이념과 강성 정책 성향에도 불구하고 아베 정권의 대(對)한반도 정책이 한국과의 충돌을 마다 않는, 강경 일변도의 방향으로 질주할 것으로는 보는 것은 지나치게 단순한 논리라고 생각한다. 역설적으로 아베 정권은 우파적 이념에도 불구하고, 경우에 따라서는 대한반도 정책에서 의외로 유연하고 부드러운 자세와 접근으로 임할 가능성이 클 것으로 예상된다."

김영희 중앙일보 대기자도 "아베 신조가 그간 보수, 우익의 본색을 유감없이 드러냈다"고 전제하면서도 "아베 총리의 등장이

---

40) 연합뉴스, 2003.5.13. 2003년 이 발언 당시 아베는 내각의 관방 부장관이었다.
41) 서울신문, 2002.6.1. 2002년 5월의 이 발언 당시 아베는 내각의 관방 부장관이었다.
42) 이원덕, 코리안연구원 기고. 프레시안, 2006.9.22. 재인용.

한일관계의 새로운 도전인지, 아니면 기회인지는 우리에게 달렸다. 고이즈미를[43] 향해 닫아버린 마음을 열고 아베 상대의 맞춤형 외교를 해야 한다"고 주장하기도 했다.[44]

아베는 1차 총리 시기(2006.9-2007.9)에는 태평양전쟁 A급 전범 14명의 위패가 합사되어 있는 야스쿠니(靖國) 신사를 찾지 않았다. 2006년 10월, 노무현 대통령과 정상회담을 위해 서울을 방문했을 때, 국립현충원에 참배하기도 했다.

그해 10월 일본 국회에서 의원의 질문에 대해 "아시아 각국에게 대단한 손해를 끼쳤으며 상처를 주었다는 것은 엄연한 사실이라는 무라야마 담화를 인정한다"는 취지의 답변을 내놓기도 했다.

1차 총리 시기 아베 신조는 재임 1년이라는 짧은 기간이지만 개헌을 위한 교두보로서 국민투표법을 성사시키고 애국심과 전통을 가르치도록 강제하는 교육기본법을 제정하는 등 보수정치의 염원을 하나하나 구현해 갔으나, 대외적으로는 무라야마 담화를 공개 부정하지는 않았다.[45]

그러나 2012년 12월 말 시작된 2차 총리 때는 전혀 다른 아베

---

43) 고이즈미 준이치로(小泉純一郎)는 2001-2006년 총리 재임시절 6차례나 야스쿠니 신사를 참배해 한일, 중일관계를 얼어붙게 했다. 1985년 당시 나가소네 야스히로(中曾根康弘) 총리가 야스쿠니 신사를 찾은 이후 20여 년간 현직 일본 총리는 야스쿠니를 가지 않았는데 고이즈미는 이런 관행을 어겼다.
44) 중앙일보, 2006.9.21.
45) 하종문, 「무라야마 담화의 의미와 아베 정권」, 『일본 아베 정권의 역사인식과 한일관계』, 동북아역사재단, 2014.

신조로 돌아왔다. 2013년 4월 22일 의회 답변에서 "아베 내각으로서는 (무라야마 담화를) 그대로 계승하고 있지 않다"고 말했다.

그 다음날에는 한술 더 떠 "침략의 정의는 학계에서도 국제적으로도 정해지지 않았다. (침략은) 어느 쪽에서 보느냐에 따라 다르다"며 식민지배를 미화하는 발언까지 서슴지 않았다. 이날 같은 자리(국회 답변)에서 아베 내각의 각료(시모무라 문부과학장관)는 의원 질의에 대해 동의하는 형식을 빌어 '영국의 인도 지배와는 달리 일본은 조선의 발전에 대단히 공헌했다'는 망언을 하기에 이르렀다.[46]

일본 외교 정책의 기본 축이자 우호적 한일관계를 위한 최소한의 토대였던 무라야마 담화마저 내팽개쳐 버린 것이다. 게다가 2차 집권 1년을 맞은 2013년 12월에는 야스쿠니 신사를 전격 참배하기도 했다. 또 2차 집권 이후인 2013년부터 2019년 현재까지 한 해도 거르지 않고 8월 15일(일본에서는 종전기념일)이 되면 야스쿠니에 보좌역을 보내 공물료를 납부하고 있다.[47]

1차와 2차 총리 사이 5년 3개월간에 아베 신조의 신념과 세계관이 바뀐 것일까. 아니면 아베는 신념과 소신이 강한 정치인이라기보다는 정치적 유불리에 민감한 정치인으로, 정치적 환경 변

---

46) SBS 뉴스, 2013.4.24.
47) 마이니치신문, 2009.8.15.

화에 편승해 그때그때 유리한 쪽을 자신의 소신으로 삼고 있는 것일까. 아베 신조는 왜 일왕과 역대 총리와는 다른 역사관을 공공연히 내비치고 있는 것일까.

한일 과거사에 대한 일본의 인식 변화 추이

1980년대 이후, 아베 신조 이전 일본 총리들은 한국에 대한 침략과 식민지배에 대해 공식적으로 사과하거나, 최소한 전임자들이 한 사과 등을 부정하지 않았다.

식민지배와 태평양전쟁에 대한 직접적 책임이 있는 히로히토(裕仁·1926-1989 재위) 일왕과 달리, 아키히토(明仁·1989-2019 재위) 일왕은 과거사에 대한 분명한 사과를 했다.

일본 주요 인사의 한·일 관계 발언[48]

발언자·직책	시기	발언요지	비고
시나 에쓰사부로 외무장관	1965.2	양국 간 불행한 시간이 있었음은 유감스러운 일로 깊이 반성한다.	일본 각료로 광복 후 첫 방한

---

[48] 대한민국 외교부 '일본개황(2015)', 경향신문, 2015.8.16. 재인용. / 동아일보, 2015.8.16. / 디지털 아사히신문, 2019.8.15.

나카소네 야스히로 총리	1983.1	양국 간에 유감스럽게도 과거에 불행한 역사가 있었던 것은 사실로, 우리는 이것을 엄숙히 받아들여야 한다.	한국 공식 방문 만찬석상
히로히토 일왕	1984.6	금세기의 한시기에 있어 양국 간 불행한 역사가 있었던 것은 진심으로 유감	일왕의 과거사 관련 첫 발언
아키히토 일왕	1990.5	일본에 의해 초래된 불행했던 시기에 귀국의 국민들이 겪었던 고통을 생각하며 통석의 염을 금할 수 없다	노태우 대통령 방일 만찬사
미야자와 기이치 총리	1992.1	한반도의 여러분들이 일본의 행위로 말미암아 고통과 슬픔을 체험하셨다. 다시 한 번 마음으로부터 반성과 사과의 뜻을 표명한다.	일본 총리 첫 한국 국회 연설 발언
호소카와 모리히로 총리	1993.11	종군위안부와 노동자 강제연행 등 각종 문제가 있었다. 참을 수 없는 고통 강요에 대해 가해자로서 깊이 반성하며 진사드린다.	김영삼 대통령과의 경주 정상회담
무라야마 도미이치 총리	1995.8	일본은 식민지배와 침략으로 아시아 여러 나라에 다대한 손해와 고통을 주었다. 역사의 진실을 받아들이고 통렬한 반성의 뜻을 표하며 진심으로 사죄	전후 50년 특별담화
오부치 게이조 총리	1998.10	일본이 식민지배로 한국 국민에게 다대한 손해와 고통을 안겨준 역사적 사실에 대해 통절한 반성과 마음으로부터 사죄	김대중 대통령과의 공동기자회견 모두발언
고이즈미 준이치로 총리	2001.10	이러한 고통과 희생을 강요당했던 분들의 원통한 마음을 잊어서는 안된다. 과거의 역사에 대해 반성	서대문 독립공원 방문 연설

아베 신조 총리	2007.3	위안부 피해자들이 그런 처지에 놓인 것에 대해 사죄의 마음을 표함. 고노 요헤이 담화[49] 그대로 이다	일본 참의원 답변
아베 신조 총리	2007.4	위안부 여성들이 극도의 고난과 희생을 감수해야만 했던 상황에 대해 가슴깊이 애도. 일본의 총리로서 사과를 표명	미일 정상 공동 기자회견
하토야마 유키오 총리	2009.10	무라야마 담화의 마음이 중요하다고 생각. 올바르게 역사를 직시하는 용기를 가져야 한다.	한일 정상 공동기자회견
간 나오토 총리	2010.8	한국인의 뜻에 반하는 식민지배로 자긍심에 깊은 상처. 다대한 손해와 아픔에 대해 통절한 반성	강제 병합 100년 총리 담화
아베 신조 총리	2015.8	우리나라는 지난 전쟁에서의 행동에 대해 반복적으로 통절한 반성과 진심어린 사죄의 마음을 표현해왔다. 그런 역대 내각의 입장은 앞으로도 흔들림이 없을 것	종전 70주년 기념 담화
아키히토 일왕	2015.8	앞선 대전(大戰)에 대한 깊은 반성과 함께 앞으로 전쟁의 참화가 다시 반복되지 않기를 간절히 바란다.	종전 70주년 전몰자 추도식 발언
나루히토 일왕	2019.8	과거를 돌아보며 깊은 반성 위에 두 번 다시 전쟁의 참화가 반복되지 않기를 절실히 원한다.	취임 후 첫 참석한 전몰자 추도식 발언

---

49) 1993년 8월 일본 정부는 1년 8개월 정도 진행해 온 '위안부' 조사결과를 발표했다. 고노 요헤이(河野洋平) 관방장관은 담화를 통해 "위안소는 당시 군 당국의 요청에 의해 설치 운영되었다. 감언·강압 등 본인의 의사에 반해 모집된 사례가 많았다. 문제의 본질은 중대한 인권 침해임을 승인하고 사과한다."고 발표하였다.

2. 아베, 칼로 역사의 진실을 베다

1951년 도쿄 주재 연합군 최고사령부(GHQ)의 지시에 따라 일본은 한국 정부와 국교정상화 교섭을 시작하였다. 이때 일본 측 구보타 간이치로(久保田貫一郎) 수석대표는 과거사와 관련 "36년간 일본의 한반도 강제 점령은 한국민에게 유익하였다. 대일 강화조약 체결 전에 한국이 독립한 것은 국제법 위반이다"라는 망언을 쏟아냈다.[50]

국교 교섭은 당연히 중단되고, 한국 정부는 우리 수역을 침범한 일본 어선을 대거 나포하는 등 강경대응해 1950년대 한일관계는 단절의 시간을 보냈다.

1965년 국교정상화 때 일본이 가해자임이 명시되지 않은 외무장관급의 아주 불완전한 반성 수준의 발언으로, 양국은 과거사 문제는 봉합한 채 1960년대와 70년대를 보냈다. 냉전체제가 기승을 부릴 그 당시 '공산권에 맞서는 미국 휘하의 같은 편이라는 인식이 강한데다, 친일적 과거를 가진 인사들이 주로 정권을 담당했던 박정희 정부의 성향, 경제개발을 위해 일본의 자본과 기술 등이 긴요'했던 상황이 맞물리면서 한국 측은 과거사에 대해 제대로 된 요구를 하지 않았다.

한일관계, 중일관계의 가늠자 역할을 하는 야스쿠니 신사 참배

---

50) 하종문, 진창수, 앞의 책.

한 일본 총리는 1975년 미키 다테오(三木武夫) 총리의 참배 이래 1985년 나카소네 야스히로 총리 참배에 이르기까지 역대 총리가 22차례 야스쿠니를 찾았다. 그러나 이 기간 한국, 중국 모두 아무런 공식적인 비판을 제기하지 않았다.[51]

그러나 1980년대 들어 상황은 달라진다. 냉전체제의 균열조짐, 한국의 국력신장 등으로 한일관계 재정립 필요성이 커졌다. 일본 또한 세계 2위의 경제대국으로 성장하면서 태평양전쟁의 책임론을 부정하는 목소리가 커지고 자위대의 무장화가 진행되면서 동북아 국가들의 경계감을 초래했다.

일본 내에서 동아시아와 태평양 지역에 엄청난 재앙을 불러왔던 일본 제국주의자들의 원죄를 부정하는 목소리가 일기 시작한 것이다. 단죄의 대상인 A급 전범들의 위패를 은밀히 야스쿠니에 합사하기에 이르렀다.

이런 상황에서 히로히토 일왕과 나카소네 총리의 과거사 발언이 나오게 된다. 그러나 이때까지만 해도 한일 양국 간 불행한 과거에 대한 유감과 반성은 언급되었으나, 일본이 가해자라는 점을 분명히 하지 않은 반쪽자리 사과에 그쳐야 했다.

1990년대 들어 상황은 확연히 달라졌다. 냉전은 종식돼 한국

---

51) 박진우, 「야스쿠니 문제의 논리적 비판을 위해서」, 『일본 아베 정권의 역사인식과 한일관계』, 동북아역사재단, 2014.

과 일본이 공산주의에 맞선 전쟁에서 '한편'이라는 인식이 허물어졌고, 경제적 측면에서도 한일관계가 수직적 관계에서 수평적 관계로 많이 전환됐으며, 식민지시대에 활동한 인사들이 한일 양국에서 퇴장하면서 두 나라 과거사를 분명히 정리해야 할 필요성은 더욱 커졌다.

그 결과 아키히토 일왕과 미야자와 기이치(宮澤喜一) 총리의 사과에 이르러서는 가해자가 일본이며, 이로 인해 한국민이 큰 고통을 받았음을 분명히 한 사과가 이뤄졌다.

종전 50주년을 맞은 1995년 8월 사회당 정권의 무라야마 도미이치(村山富市) 총리가 한 담화는 '식민지 지배, 침략, 반성, 사죄'의 4개 키워드를 명확히 한 사과로, 그 이후 이 '무라야마 담화'의 승계 여부가 한일 과거사를 바라보는 핵심적인 이정표가 되었다.

아베, 역사의 진실을 부인하다가 위안부 문제 사과

아베 신조는 1차 총리 시절 무라야마 담화를 부인하지는 않았다. 그렇다고 과거사에 대해 적극적으로 사죄를 한 것도 아니다. 아베 총리가 명확하게 사과를 한 것은 위안부 문제에 그친다.

그 이유는 뭘까. 2006년 9월 취임한 아베 총리는 국내적으로는 애국심을 강조하는 교육을 부르짖으면서도, 대외적으로는 일제에 항거한 애국지사들도 묻혀 있는 한국의 국립 현충원을 방문하는 등 아시아 국가와의 협력을 중시하는 행보를 보이기도 했다.

보수 세력의 대변자와 이웃 국가와의 우호 강화 사이에서 아슬아슬한 줄타기를 하던 아베 총리 내각은 2007년 상반기에 들어서면서 우익 편향적인 속내를 드러내기 시작했다.

위안부 문제에 대한 '고노 담화'를 부정하고 나선 것이다. 일본군 차원의 관여를 인정했던 고노 담화와 달리, 아베 총리는 '일본 정부나 군부가 위안부를 강제동원한 증거가 없다'는 주장을 내놓은 것이다.

아베 총리는 그해 7월의 참의원 선거를 앞두고 종군 위안부 문제에 대해 보수 세력의 입장대로 '소신껏' 대응함으로써 자신의 리더십과 보수 색깔을 확실히 보여주고 지지율을 만회하려는 정치적 계산을 한 것으로 보인다.[52]

그러나 아베 총리의 이런 국내 정치 중심적 노림수는 국제사회에서 일본에 대한 거센 비난으로 이어졌다. 미국 조야의 강한 비판이 아베 총리에게는 몹시 아팠을 것이다. 당시 미국 행정부는 일본과 특히 가까운 조지 W 부시 정권이었다. 그럼에도 "개탄스럽다"(존 네그로폰테 국무부부장관), "범죄의 중대성을 인정하는 솔직

---

52) 중앙일보, 2007.3.18.

하고 책임 있는 태도를 보여라"(톰 케이시 국무부 부대변인), "일본군이 강제동원한 위안부가 존재했고 그들이 매춘을 강요당한 것은 명백하다"(토머스 시퍼 주일대사)는 등의 발언이 이어졌다.[53)]

당시는 또 미 하원에 위안부 결의안이 상정되어 있을 때였다. 뉴욕타임스, 워싱턴포스트, 보스턴 글로브 등의 신문에서 아베의 역사관을 비판하는 사설 등이 잇따라 실렸다.

미국은 일본의 식민지배의 부당성, 잔혹성 등에 대해서는 거의 언급을 하지 않는다. 미국 또한 비슷한 시기에 필리핀 등을 식민통치했다. 1905년 가쓰라-태프트 밀약의 내용이다. 일제의 혹독한 식민통치에 대한 사과와 그 수준 등이 관심사로 부각돼도, '두 나라가 알아서 할 일'이라는 것이 미국의 기본적인 입장이었다.

그러나 위안부 문제에 대한 미국 조야의 태도는 다르다. 위안부 문제는 미국과의 전쟁 중에 일본이 국가차원에서 저지른 잔악한 범죄라는 시각이 그 근저를 이루고 있기 때문이다. 한반도 식민지배는 미국과는 직접 관련이 없지만, 위안부는 큰 범주에서 본다면 미국도 국외자가 아니라는 시각이다.

태평양전쟁 중 미 군함을 침몰시키기 위해 젊은 청년들을 자살특공대로 내몰고, 미군 포로들을 비인도적으로 가혹하게 다루고,

---

53) 중앙일보, 2007.3.28.

어린 여성들의 인권을 무참히 짓밟아가며 전쟁을 수행한 것에 대해서는, 미국도 결코 묵인만은 할 수 없는 실정이다.

현실주의자 아베는 결국 2007년 4월 미일 정상회담에서 '위안부 여성들이 겪었던 고난'에 대해 사과를 한다. 그러나 아베의 이 사과는 미국의 여론과 미국의 힘에 머리를 숙인 것이지, 피해를 입었던 한국과 중국 그리고 피해 여성들에게 한 사과는 결코 아니었다.

아베 총리의 본심은 아마 일본 의회에서 '위안부 피해 할머니들에 대한 사과의 편지 등 추가적 감성적인 조처' 여부를 묻는 의원의 질문에 대해, "털끝만큼도 생각하고 있지 않다"는 훗날의 발언(2016.10.3)에 담겨 있을 것이다.

약간의 정도 차이는 있겠지만 총리 등 일본의 정치지도자들은 미국에 맞서지 않는다. 민간인 신분의 보수주의자일 때나 평의원 때는 미국에 대해 이런저런 말을 하고 행동을 요구하지만 '자리'에 앉게 되면 그렇게 하지 못한다.

2차 세계대전 때 겪었던 집단적 기억이 아직도 일본에 생생하기 때문이다. 일본은 1930년대 후반 설익은 '앵글로색슨 후퇴론'에 휘둘려 영·미에 등을 돌리고 '독일 발흥론'에 경솔하게 올라탔다 한순간 모든 것을 잃었다. '지는 때'를 놓쳐 세계 최초로 원자폭탄 세례를 받았다.

이 고통스러운 과정을 통해 전후 일본은 자기보다 강한 상대와

'사귀는 법'과 '싸우는 법' 심지어 '지는 법'까지 반성한 토대 위에 세워진 나라다. [54]

아베 총리 또한 마찬가지다. 일부 극단적 강경주의자를 제외한 일본 보수주의 정치인들이 주장하는 '강한 일본'은 미국에 대해 강한 일본이 아니라, 미국 이외의 나라에 대해 강한 일본인 것이다.

미국의 영향력이 강한 시절에는 미국의 동맹국인 한국을 흔드는 일에 선뜻 나서지 않았으나, 2010년대 들어 미국의 영향력이 예전만 못해지고 한미 동맹의 강도 역시 예전 같지 않아지자 한국에 대한 태도도 확연히 달라졌다. 이런 흐름에서 전면에 등장한 정치인이 아베 신조였다.

2006년 시작한 1차 총리 시절 아베 신조는 한일관계, 중일관계의 근간을 흔들 수 있는 과거사 문제에 대해 그 나름의 소신과 철학을 가지고 출발한 것은 아니다.

역대 총리 중 가장 우파적 성향이 강하다는 평가를 받은 아베 신조였지만, '북한 때리기' 이외에는 외교관계 경험이 일천했고, 전임자인 고이즈미 총리가 잇단 야스쿠니 참배 등으로 한일, 중일관계의 냉각을 초래했던 터라 전임자와의 차별화를 위해서라

---

54) 강천석, 국가가 '사귀는 법'·'싸우는 법', 조선일보, 2019.7.6.

도 아시아국가와의 관계 개선을 강조하며 정권을 출발했다.

아베 총리는 위안부 문제에 대한 진실을 외면하는 것으로 보수주의자 정체성을 드러내고자 했으나, 미국의 강한 비판에 굴복해 사과를 하고 만다. 아베는 몸을 추슬러 다시 대외 관계의 무대에 오르기도 전에 그해 7월의 참의원 선거에서 패배한 후, 9월에 만 1년이라는 짧은 재임기간을 뒤로 하고 총리자리에서 물러나게 된다.

아베 총리와 북일관계

2012년 12월 다시 총리가 된 아베 신조는 5년 3개월 전 조소를 받으며[55] 쓸쓸히 물러난 1차 총리 때의 아베와는 전혀 달랐다.

2012년 총리가 되기 위한 전 단계인 자민당 총재 선거에 나선 아베 신조는 그해 5월 산케이 신문과의[56] 인터뷰에서 "고노 담화와 무라야마 담화에 얽매이지 않겠다"고 밝혔다. 그해 8월 산케이 신문은 "자민당이 정권을 잡는다면 일본의 역사인식에 관한 3

---

55) 아베 총리는 몸이 좋지 않아 퇴임직후 수상관저에서 바로 게이오대 병원으로 갔는데 영국 BBC는 '수상 관저에서 체크아웃 하고 병원에서 체크인 했다'라고 평했다.
56) 일본 주요 언론 중 가장 보수적인 매체로 아베 신조의 대변인 격이라는 말까지 듣고 있다. 2019년 7월 일본 정부가 한국 반도체 기업에 대한 수출을 규제하는 등 한국에 대한 경제 보복 조치를 단행할 것이라는 것도 산케이신문이 단독 보도했다.

대 담화 즉 미야자와 담화, 고노 담화, 무라야마 담화는 수정할 필요가 있다는 것이 아베 총재의 의도"라고 보도했다.

잘못된 침략과 참혹한 전쟁의 가해자임을 인정하고 다시는 반복하지 않겠다는 반성과 사죄의 토대 위에서 진전되어 왔던 한일, 중일관계의 수레바퀴를 거꾸로 돌리겠다는 선언인 셈이다. 과거사에 대한 명확한 입장 없이 출발했던 1차 총리 때와는 달리 2차 총리 때는 강한 우경화 행보를 명확히 하면서 출발(2012. 12)한 것이다.

취임 초 아베 총리는 대외 문제보다는 경제 쪽에 전력을 기울였다. 핵심 공약이 '아베노믹스'였던 아베로서는 어쩌면 당연한 행보였다. 대외 문제에서 아베 총리가 공을 들인 것은 북한과의 관계였다.

대북관계, 아베 신조의 전공이라고 할 수 있다. 아베 신조를 스타 정치인으로 만들고 총리가 되게 한 일등공신은 바로 북한이었다.

2002년 9월 고이즈미 총리는 전격적으로 평양을 방문한다. 고이즈미 수행단에는 아베 신조가 있었다. 현역의원으로 관방부장관이었으나 일본 측이 마련한 공동성명 초안을 평양행 비행기에서 처음 접했을 정도로 존재감이 크지 않았다고 한다.

아베 신조는 북한이 화해 제스처 차원에서 고향방문 명분으로 일본에 일시 귀환을 인정한 납치 피해자 5명이 다시 북한으로 가지 않도록 하는 데 적극 나섰다.

2019년 7월 한국에 경제보복 조치를 감행하면서 '한국이 국가적 약속을 지키지 않았다'는 것을 자주 말하며 '국가적 약속 준수'의 중요성을 강조하는 아베 신조이지만, 과거 자신은 '일시 귀환'이라는 북일 간 국가적 합의를 깨는 데 선두에 선 전례가 있다.

아베 신조는 이후 북한이 보낸 납치 피해자의 유골이 가짜라는 DNA 검사결과를 기자회견을 통해 밝히는 등 '납치의 아베'라는 별명을 얻을 정도로 납치 문제에 공력을 쏟는다. 북한의 핵개발과 일본 열도를 넘어가는 장거리 미사일 발사 등으로 반북(反北) 분위기가 확산되면서, 반북 강경론자인 아베의 정치적 위상은 더욱 확고해졌다.

2차 총리 초기 아베 내각은 북일관계 개선으로 정치적 업적을 이룩하고자 했다. 2013년 내각 자문역인 이지마 이사오가 방북, 김영남 최고인민회의 상임위원장, 김영일 노동당 비서 등 북한 고위층과 회담을 가졌다.

2014년 5월 북한과 일본은 스웨덴 스톡홀름에서 회담을 갖고 북일관계 정상화 추진이라는 '스톡홀름 합의'에 이르게 된다. 이 합의는 일본은 북한에 대한 제재 일부를 해제하고, 북한은 납치 피해자 관련 재조사를 한다는 내용 등이다. 아베 내각은 가장 난제인 대북 문제에 진전을 이뤄 정치적·외교적 역량을 과시하는 '한 건'을 기대했고, 북한은 경제난 돌파의 단초가 열리기를 바라는 것이 합의의 배경이라고 분석됐다.

그러나 납치 문제에 대한 일본의 강한 요구와 북한의 잇단 미사일 도발 등으로 스톡홀름 합의는 유야무야 된다. 그 뒤로도 북한의 중장거리 미사일 발사는 '안보 위기', '한반도 유사시'를 거론하는 일본 보수정권에게는 지지율 호재로 작용하고 있다.

아베 총리는 2019년 8월 프랑스에서 열린 G7정상회의에서 북한의 일본인 납치 문제를 주요 의제로 거론하는[57] 등 이 사안이 정권 차원의 주요 관심사임을 분명히 하고 있다. 납치 문제가 부각될수록, '납치의 아베'에게는 일본 국민의 반북 정서에[58] 편승할 수 있고, 국민 한 사람 한 사람을 끝까지 챙긴다는 이미지를 다질 수 있어, 정치적으로 늘 '남는 장사'인 셈이다.

아베 내각은 한국에 대해서는 '과거'를 보지 말고 '미래'를 보자고 하면서, 북한에 대해서는 '미래'보다는 납치 문제라는 '과거'를 잊지 말자고 하는 자가당착적 행동을 서슴지 않고 있다.

---

[57] 산케이신문, 2019.8.27. 아베 내각은 2017년 이탈리아 G7정상회의, 2018년 캐나다 G7정상회의에서도 납치 문제를 꺼내는 등 이 문제에 대해 집요하게 매달리고 있다.
[58] 일본 방송프로그램에서 '오사카에 북한 테러리스트들이 대거 잠복해 있다'는 발언이 공개적으로 나올 정도로 반북 발언은 일본에서는 이른바 통하는 소재이다.

역사를 거스른 2015년 종전 70년 담화

2015년 1월부터, 그해 8월 15일 종전 70주년 기념일에 아베 총리가 어떤 입장을 내놓을지에 대해 국제적인 관심이 쏠렸다. 2014년은 북일협상 등이 진행되면서 아베 내각의 과거사에 대한 도발적 발언이 뜸했던 때였다.

종전 70주년 전날인 8월 14일 내놓은 담화에서 아베 총리는 "우리나라는 지난 전쟁에서의 행동에 대해 반복적으로 통절한 반성과 진심 어린 사죄의 마음을 표현해 왔다"며 "그런 역대 내각의 입장은 앞으로도 흔들림이 없을 것"이라고 했다. 역대 내각이 취한 입장을 과거형으로 언급한 데 그치고, 일본이 한국 등 아시아인들에 대해 무엇을 어떻게 잘못했는지를 구체적으로 말하지 않았다.

또 역대 총리들과 달리 사과의 주체가 담화를 발표하는 현직 총리임을 분명히 하지도 않았다.

"전후 70년을 맞아 전쟁 참화를 결코 반복하지 않겠다"는 아베 총리의 언급 수준은 역시 종전 70주년을 맞아 아키히토 일왕이 밝힌 "앞선 대전에 대한 깊은 반성과 함께 앞으로 전쟁의 참화가 다시 반복되지 않기를 간절히 바란다"는 발언과 크게 대비되는

것이었다.[59]

　아베 총리가 태평양전쟁을 일으킨 것이 아니라 전쟁에서 져서 당한 참화를 되풀이하지 않겠다는, 즉 패전에 대한 아픔을 말한 것으로 해석될 수 있는 담화를 내놓은 반면, 일왕의 발언은 전쟁을 유발한 제국주의 일본의 행동 그 자체를 반성하고 부전(不戰)에 대한 결의를 다진 것으로 볼 수 있다.

　특히 아베 총리는 이날의 담화에서 "100년 전의 세계에는 서양 제국을 중심으로 한 나라들의 광대한 식민지가 넓어져 갔다"고 말함으로써, '시대 상황 논리에 기대어 식민지배를 합리화'하고, '일본의 행위는 서구제국에 맞선 아시아를 위한 행위'였다는 당시 침략주의자들의 논거를 옹호하는 것으로 여겨질 수 있는 주장까지 버젓이 내놓았다.

　아베 총리의 70주년 담화에 대해 한국, 중국 등은 말할 것도 없고 서구 언론에서도 비판이 잇따랐다. 영국의 더 타임스지는 "아베 총리는 부끄러울 정도로 전쟁 중 일본이 저지른 범죄를 마주 보고 있지 않다"며 "일본은 여전히 가해자라기보다 (원폭 투하 등의) 피해자라는 생각에 사로잡혀 있는 것으로 보인다. 일본이 자신들이 피해자라는 생각에서 벗어나지 못하는 한 주변 국가들과의 외

---

59) 일왕 '생위퇴위' 표명 후 첫 메시지는 전쟁에 대한 "깊은 반성", 연합뉴스, 2015.8.15. 아사히신문, 2015.8.15.

교관계는 비틀어질 수밖에 없을 것"이라고 밝혔다.

　미국의 월스트리트저널도 '아베 총리의 뒤섞인 사과'라는 제목의 사설에서 "아베 총리가 과거 일본 총리의 담화를 수정하지 않은 것은 다행이지만, 일본이 과거 족쇄에서 벗어나려면 아베 총리가 역사를 정면으로 마주해야 한다."고 꼬집었다.[60]

　2015년의 아베 내각은 1995년 무라야마 담화, 2005년 고이즈미 담화를 수정하거나 폐기하지는 않았지만, 모호한 간접화법을 빌어 현직 총리의 자신의 목소리로 잘못된 과거에 대한 반성과 다짐을 하는 것은 교묘히 피해 나갔다.

　70주년일인 15일 총무상 등 내각 현직 각료 3명과 현역의원 66명이 야스쿠니 신사를 집단적으로 공개 참배하고, 아베 총리 또한 측근을 보내 신사에 공물을 보냄으로써, 말은 모호하게 했으나 내각의 진의가 어느 쪽에 있는지를 행동으로 국내외에 분명히 보여 주었다.

---

60) 연합뉴스, 2015.8.18.

아베 총리는 왜 보수화의 길을 걸었나

2015년 종전 70주년 담화를 통해 아베 신조 총리는 1980년대 이후 30여 년 넘게 한국과 일본 정부가 진전시켜 온 일본의 과거사에 대한 인식을 사실상 인정하지 않고 나섰다.

아베 총리는 1995년 무라야마 담화로 대표되고, 1998년 오부치 게이조 총리가 김대중 대통령과의 정상회담을 통해 명확히 재확인(김대중-오부치 선언, 일한(日韓)파트너십 선언)한 미래지향적 한일관계를 위한 기본 토대인 '일본의 가해 사실 인정과 진정어린 사죄'를 사실상 외면하고 나선 것이다.

기본 토대가 흔들리면 파국은 언제든지 찾아올 수 있다. 일본의 정치인들로서는 '충분한 사전 준비', '국제사회에 통할 수 있는 명분', '자국에 유리한 적절한 시점'이 갖춰지면 한일관계의 기본 토대를 흔들려는 유혹에 빠지게 된다.

일본 정치인들이 '때리기'의 대상으로 한국을 택한 것은 일본의 우경화 기조와 함께 한국에 대한 일본의 일반적인 여론이 갈수록 나빠지고 있기 때문이다. 즉 한국과 불편한 관계를 빚는 것이 정치적으로, 특히 선거에 있어서 도움이 된다고 본 것이다.

이런 기류를 적극적으로 반영한 대표적인 정치인이 바로 아베 신조이다. 2006년 1차 총리가 되기 이전 아베와 한국의 관계는

좋은 편이었다는 것이 일반적인 관측이다.[61]

그러나 2차 총리 취임 때의 아베 신조는 아주 다른 모습으로 달라졌다. 강한 일본을 주장하는 보수파 정치인이었지만 한일관계의 기본 토대인 '과거사'를 부정하지는 않았던 그가 이제는 한일관계의 근간마저 인정하지 않으려는 정치인이 된 것이다.[62]

왜 변했을까? 가장 먼저 생각해 볼 수 있는 것은 한국에 대한 일본의 여론이 악화되어 이제는 한국을 때리는 것이 지지율 상승 등 현실 정치적으로 도움이 된다는 것이다.

한일관계가 심각하게 삐걱댈 때면 일본 정권 책임자의 지지율이 올라가는 현상이 나타나고 있다.[63] 한국에 대해 강하게 발언하면 자국 언론 등의 주목을 받고 인지도가 올라가기 때문에 현실 정치인들로서는 강경론에 편승하고 싶은 유혹을 느낄 수밖에 없다.

2013년 당시 하시모토 도루(橋下徹) 오사카 시장이 "전쟁 당시 위안부 제도가 필요했다"는 망언을 내놓아 국제적인 분노를 사

---

61) 아베 신조 총리는 한때 한국에서 지한파(知韓)파 정치인으로 분류됐다. 1차 총리 직전인 2005년 서울을 찾아 이낙연 당시 의원 등과 소주를 함께하는 자리를 갖기도 했다. 아베 신조는 총리 취임 전, 일제치하 수난을 당한 한국인 한센병 환자들이 일본으로부터 배상을 받을 수 있도록 하는 법안을 대표발의 하기도 했다. 이 법안은 일본 국회를 통과됐다.(허만섭 기자, "지일파 해결사, 이낙연 국무총리", 신동아, 2019년 8월호)
62) 과거 일본에서는 보수파 정치인 중에 지한파가 많았다. 미-소의 냉전 당시 나카소네 전 총리 등 보수파들은 한국이 자유진영의 최선봉에 서서 사회주의권의 위협으로부터 일본을 막아주는 방파제 역할을 하고 있다는 인식을 강하게 가지고 있어서 한국의 가치를 높게 평가하는 편이었다.
63) 이춘규, 앞의 책.

고, 아사히 등 일본 내 언론에서 강하게 비판을 받았으나, 그 이후에도 일본 정치인들의 유사한 망언이 계속 이어지고 있는 것은 이 때문이다.

"일본 측 여론도 한국에 우호적이지 않다. 일본에서는 한국에 대한 '사과 요구 피로증'이란 단어가 횡행한다. 정치권은 물론 일반 국민들 사이에서도 한국에 대한 부정적인 여론이 많다. 주요 신문들은 한국의 1등 기업 '삼성전자 때리기'에 열중이다."

일본 전문가들도 이런 시각에 동의하는 편이다. 오구라 가즈오(小倉和夫) 전 주한 일본대사는 언론 인터뷰에서[64] "한국과 대화해도 달라지는 게 없으니 만나는 게 의미가 없다고 생각하는 사람이 많아졌다"고 주장했다. 오구라 전 대사는 두 나라 다 정치지도자들의 발언에 따라 국민감정이 격화될 정도로 양국 간 국민감정이 아주 좋지 않은 상황이라고 진단했다.

한일관계가 갈수록 꼬이게 된 것에는 대체로 4가지 이유가 제시된다. 첫째, 한국의 성장에 대한 일본의 심리적 거부감이다. 1965년 한일 수교 당시 한국의 GDP는 30억 달러로, 910억 달러였던 일본의 약 3% 수준이었다. 양국 간의 이런 엄청난 격차가 2018년에는 한국 GDP 1조6천5백억 달러, 일본 GDP 5조7백억 달

---

64) "일본인들, 한국과 대화해봤자 변할 것 없다 생각…반한감정 심각", 조선일보, 2019.7.6.

러로 그 차이가 33% 수준으로 좁혀졌다.[65]

'일본은 선진국, 한국은 후진국 혹은 중진국'이라는 확연한 등급 차이를 보이던 양국 경제가 일본 인구가 한국의 2~2.5배인 점을 감안하면 이제는 동등한 파트너에 근접하는 수준에 올라섰다. 이런 한일관계의 구조적 변화를 충분히 인식하지 못하거나 일본 경제 둔화 등에 따른 한일 간 간격축소에 대한 심리적 불편함을 혐한으로 표출하는 일본인이 많아진 것이다.

둘째, 한국 내의 보편적 인권의식이 높아지면서 과거 일제에 의한 야만적인 폭력을 보편적 인권의 시각에서 재조명하는 한국의 행동이 일본에서는 국가 간 약속과 국제법 위반으로 비춰지는 것이다.[66]

한국에서는 과거 사법부 확정 판결이 났던 사안이지만 진실 추구, 달라진 시대 여건, 인권 등 보편적 가치에 대한 높아진 국민적 인식 등에 힘입어 재심을 통해 무죄판결이 내려지는 경우가 종종 있다.

한국에서는 달라진 잣대로 다시 판단하자는 것이 쉽게 받아들여질 수 있지만, 과거청산의 문화가 거의 없는 일본에서는 이런

---

[65] 수교 20년 뒤인 1985년 GDP는 한국 985억 달러, 일본 1조 4천억 달러로 한국의 경제규모는 일본의 7%였다. 수교 40년 뒤인 2005년 한국 경제는 일본의 18% 수준(한국 8,448억 달러, 일본 4조 6천억 달러)으로 올라섰다.
[66] 지지통신 칼럼, 2019.1.15.

요구를 과거의 합의와 약속을 깨는 믿을 수 없는 사람이나 집단이 하는 것으로 여기는 경향이 강하다.

2019년 한일관계 파탄의 계기가 된 징용노동자 문제에 대하여 한국에서는 인권의 시각에서 다시 볼 필요가 있다는 인식이 강하지만, 일본에서는 상대적으로 진보적인 시각을 가진 언론에서조차 '징용공 문제는 1965년 한일청구권협정에서 완전하고 최종적으로 해결되었고, 2005년 노무현 정부에서도 징용보상은 청구권협정으로 해결되었다'는 입장을 표명하고[67] 있다.

이런 양국 간의 기본적 입장의 차이로 인해 일본 내에서는 그간 지일파로 분류되었던 인사들조차 '국가 간 약속 위반'이라며 한국의 주장에 부정적인 반응을 보이고 있다.

셋째, 한일 양국 간 서로간의 중요성이 현격히 감소했다. 1990년 냉전 종식 이전 양국은 공산진영에 맞선 자유진영의 '한편'이라는 인식이 강했다. 같은 편이라는 의식은 양국의 사회적 지도자와 외교관들 간에 기본적 신뢰를 낳기도 했다. 또 미국의 영향력이 큰 시절이어서 미국의 이익에 부합하지 않는 한일 간 갈등을 양국 모두 유발하지 않으려 했고 미국의 제어도 가능했다.

그러나 냉전이 끝나면서 두 나라 간 '한편' 의식은 거의 사라졌

---

67) 아사히신문. 2019.7.31.

다. 두 나라 사이를 묶었던 공동의 가치가 많이 약해진 것이다. 급격히 부상한 중국에 대한 접근 또한 한일 간에는 차이가 있었다.

경제적인 측면에서도 1965년 한일 수교 당시 일본은 한국 수출입의 34.5%를 차지했다. 일본 한 나라와의 무역이 한국이 전 세계에서 하는 무역의 3분의 1을 넘은 것이다. 그러나 50년이 지난 2015년에 한국 무역에서 일본이 차지하는 비중은 7.8%로 감소했다.

일본이 세계적 강점이 있는 소재 부품 산업 등에서의 대일 의존도는 아직 남아 있지만 일본과의 무역규모는 베트남보다 작은 수준으로 떨어진 것이다. 일본도 2019년 1분기에 전 세계에 1천억 달러가 넘는 해외직접투자를 감행했지만 한국에 대한 직접투자는 6억 달러 수준에 그쳤다. 한일 양국 모두 서로가 꼭 필요한 나라에서 관계가 나빠져도 덜 불편한 나라로 점점 바뀌고 있는 것이다.

넷째는 일본의 장기침체에 따른 국가적 자신감 상실의 탈출구가 북한에 대한 혐오에 뒤이어 이제는 한국에까지 영향을 미치고 있다는 것이다. 일본 TV대담 프로그램 등에서 한국에 관한 언급, 그것도 부정적인 언급을 하면 시청률이 오르고 있는 실정이다.

또 한일갈등에 대해 감정적이고 냉정함을 잃는 일본인들이 늘어나고 있다. 일본의 한 주간지가 2019년 8월에 발표한 조사에 따르면 '한국은 필요한 나라인가'라는 질문에 '필요 없다'고 답한 일본인이 52%로 나타났다. 같은 조사에서 '일본은 필요 없다'라고 응답한 한국인은 34%에 불과했다. [68]

정치사회적 사항에 대한 감정표현에 있어 한국인이 훨씬 적극적 성향임을 고려할 때, 합리성과 냉정함을 버리고 이웃 나라를 필요 없다고 여기는 일본인이 한국인보다 훨씬 많음을 이 조사는 시사하고 있다.

한국언론재단은 언론보도 빅데이터를 이용해 2005년 7월부터 2016년 6월까지 10년간 한국의 8개 주요 신문에 '망언'으로 보도된 발언을 가장 많이 한 일본의 정치인을 조사했다. 아베 총리, 하시모토 도루 오사카 시장, 아소 다로 부총리 겸 재무상이 '망언 3인방'인 것으로 조사됐다. [69]

같은 조사방식을 활용해 2001년 1월부터 아베가 집권을 한 2006년 9월까지 8개 주요 신문에 보도된 망언 발언을 조사한 결과 아베 신조가 한 망언은 보이지 않는다. [70] 아베와 더불어 '포스트 고이즈미'를 겨뤘던 아소 다로와 아베와 같은 시기 각료를 했던 나카야마 나리유키(中山成彬) 문부장관 등의 망언이 곧잘 보도된 반면, 자민당 간사장과 관방장관을 지냈던 그 시기의 아베는

---

68) 냉정함 잃은 일본인… 52%가 "한국 필요없어", 매일경제, 2019.9.5.
69) 지난 10년 간 '망언'과 관련된 일본인 중 1위는 단연 아베 총리, 세계일보, 2015.8.18.
70) 빅카인즈(https://www.bigkinds.or.kr/) 활용 조사.

망언의 당사자로 꼽히지 않았다.

아베 신조는 분명 강경우파 정치인이다. 강한 일본을 부르짖는다. 일본 보수주의자들의 지지를 받아 총리가 됐다. 그러나 아베 총리는 1차 총리(2006.9)가 되기 이전 한일 과거사에 대한 기본 틀을 부인하겠다는 견해를 내보이지 않는다. 강한 일본을 내세워 한국과 중국의 의구심을 샀으나 한국 등과 직접적인 충돌을 빚지는 않았다.

그런 아베가 2차 총리(2012.12)가 돼서는 몹시 달라졌다. 아베 신조는 보수주의자이지만 유연하다는 평을 받는 정치인이었다. 아베 신조와 교류가 있는 김대중 정부 시절 주일대사였던 최상용 전 고려대 교수는 "아베 총리는 유연성이 대단하다"고 평가했다.[71]

아베의 변신을 이끈 것은 일본 국민들의 인식 변화다. 일본 내각조사부는 매년 '외교에 관한 여론조사'를 실시한다.

2014년 '한국에 대해 친밀감을 느끼지 않는다'고 대답한 비율이 66.4%에 이르렀다. 전년보다 8.4%포인트나 증가한 것이고, 조사가 시작된 1978년 이래 최악이다.

2018년의 같은 조사에서 '친밀하게 느끼지 않는다'는 응답이 58%로 나타나는 등 한국에 대한 부정적 기류는 계속되고 있다.

---

71) 더팩트, 2019.8.5.

같은 시기 일본경제신문의 조사에 따르면 '한국을 싫어하는 나라'로 꼽은 응답자가 62%로 집계돼 비슷한 흐름을 보여주고 있다.[72]

즉 아베가 1차 총리가 되기 전인 2000년대 초반에는 김대중-오부치 선언이 나오며 한국과 일본이 미래지향적 파트너십을 공동으로 선언하고, 한국과 일본이 서로의 대중문화를 본격 교류하면서 양국 국민 간의 친밀도가 상승곡선을 그렸다.

이런 분위기에서 대중 정치인 아베 신조는 한국과의 충돌의 길을 걷지 않았다. 망언을 일삼는 다른 정치인들과는 결이 다른 보수주의의 길에 있었다.

그러나 이명박 전 대통령의 전략적 고려 없는 '깜짝 쇼' 독도 방문으로 한일관계는 변곡점을 맞는다. 독도 문제가 전면에 부각되고, 독도에 대한 일본 교과서의 잘못된 기술 등이 이어지면서 한일 간의 갈등이 커졌다.

여기에 장기 경제 침체에 따른 일본의 우경화 바람, 한국과 일본 서로 간의 상대국에 대한 필요성의 약화, 한국의 성장에 대한 일본의 거북한 감정 등이 궤를 같이하면서 짧은 시간 내에 일본인들의 대한 감정이 급격한 하강곡선을 타게 된다.

2012년 12월 말 2차 총리가 된 아베 신조는 이 기류를 타고, 전

---

[72] 일본경제신문의 조사에 따르면 일본인들이 싫어하는 나라는 북한(82%), 중국(76%), 한국(58%), 러시아(57%) 순이었다. 지리적으로 근접한 나라들과 두루 불편한 관계를 겪고 있는 일본의 한계를 보여주기도 한다.

매특허인 '북한 때리기'에 이어 '한국 때리기'를 감행해 가며 지지층 결집과 지지율 상승을 도모해 왔다. 아베식의 '한 건'이 자유무역을 역행하는 2019년 7월의 경제보복이다.

아베 신조는 '현실의 풍향'에 민감한 정치인이다. 아베 신조 외에 대다수의 일본 정치인들도 그렇다.

'일본이 노(NO)가 아니라 아베가 노(NO)'라면 한국과 일본의 풍향계가 바뀌어야 한다. 양국이 '무라야마 담화 등 한일 과거사에 대한 기본인식의 확고한 존중', '다양한 분야의 민간교류 확대', '민주국가로서의 양국 간 공통분모 공유' 등을 지속적으로 실천해 나간다면 한국과 일본 국민 서로 간의 호감도가 다시 높아질 수 있다.

한국은 2018년에 5200만 인구 중에서 젊은 층을 중심으로 약 750만 명이 일본을 찾았다. 일본에서도 양심적 세력을 중심으로 '한국은 적이 아니다'라는 목소리가 계속 나오고 있다. 특히 양국 모두 젊은 층으로 갈수록 노년층에 비해 서로에 대한 호감도가 더 좋은 것으로 나타나고 있다.

과거의 잘못된 침략에 대한 철저한 반성의 토대 위에서 미래지향적 한일관계를 만들겠다는 양국 젊은 지도자들의 정치적 결단과 실천은, 지지율 상승을 노리고 양국관계를 깨는 방향으로 몰고 가는 과거식 정치를 끝낼 수 있다.

젊은 정치지도자들이 선두에 서서 양국 간 풍향계를 우호적 방향으로 바꿔갈 때, 분열과 대립을 부추기고 편승하는 아베 신조 식의 정치에 확실한 노(NO)를 할 수 있다. 풍향계가 바뀌지 않는 다면 제2, 제3의 아베식 정치인이 끊임없이 나와 갈등을 자양분으로 삼는 정치를 펴나가는 불행한 한일관계가 이어질 것이다.

3
정한론, 아베와 일본회의의 진화론

일본의 정한론은 한반도를 정복하자는 주장이다. 1850년대 이후 일본 근대사의 주역으로 활동했던 사상가·정치인·외교관·군인 중 정한론자(征韓論者)가 아닌 사람은 거의 없다.

물론 정한론자를 강경과 온건으로 나눠 볼 수는 있다. 강경 정한론은 한반도를 일본의 일부로 하는 완전한 병합을 뜻한다. 온건 정한론이라면 한반도를 일본의 강력한 영향력 하에 두는 보호국 수준을 의미한다. 즉 외부 팽창과 내치(內治) 중 무엇을 우선시하느냐를 두고 급진 정한론과 신중 정한론 사이에 차이가 있기도 했다.

강경과 온건, 급진과 신중 모두 강압적 방법을 써서 일본의 이익을 한반도에서 극대화하겠다는 본질에 있어서는 차이가 전혀 없다. 또한 정한론은 근대 일본 지도층 내부의 권력투쟁과 밀접하게 맞물렸다. 이 때문에 때로는 강경 정한론자가 온건파의 입장을 취하기도 하고, 상황에 따라서는 그 반대가 되기도 했다.

요시다 쇼인의 정한론

요시다 쇼인은 1859년 29세의 나이로 에도(도쿄)의 감옥에서 죽었다. 도쿠가와 막부가 사형에 처했다. 이때는 일본이 미국 페리 제독의 거대한 흑선에 놀라 개항을 한 지 5년밖에 안 된 시기다. 조선과 일본 간에 강화도조약이 체결되기 17년 전이다.

요시다는 죽기 몇 년 전 쓴 책에서 "에조(蝦夷·지금의 홋카이도)를 개척하고 유구(琉球·지금의 오키나와)를 다스리며 조선을 침략하고 북으로는 만주(滿州)를 점령하자"고 했다. 또한 "울릉도는 삼림자원이 풍부하다. 조선과 교섭하여 지금 공도(空島)로 되어 있음은 무익한 일이므로 이편에서 개간하겠다고 말한다면 이론(異論)은 있지 않을 것이다. 개간을 명분으로 건너가게 되면 웅략(雄略)의 시초로도 손꼽게 될 것이다"고[73] 했다. 일본이 국력을 기른 후 주

---

73) 이현희, 『정한론의 배경과 영향』, 한국학술정보, 2006.

변 지역에 힘을 행사해, 미국에 당한 것을 만회하자는 주장을 펼친 것이다.

요시다의 주장은 당시로서는 몽상에 가까웠다. 요시다 시대 일본은 다른 나라에 힘을 뻗칠 만한 형편이 전혀 되지 못했다. 요시다가 대외팽창을 위한 체계적인 방책을 내놓은 것도 아니다. 조선에 대해서는 조공을 받는 수준의 침략을 염두해 두었다.

그러나 요시다의 허풍에 가까운 주장은 그가 가르쳤던 10대 후반, 20대 초반의 젊은 제자들에게 상당한 영향을 미쳤다. 에도 막부 말기의 혼란과 서양세력의 위력 앞에 주눅이 들어있었던 젊은 이들에게 요시다의 '나라 밖으로 눈을 돌려 꿈을 크게 가져라'는 식의 주장이 위안이 되었을지 모른다.

요시다의 고향인 조슈 출신들이 유신 이후 일본의 권력을 쥐게 되면서, 요시다는 몽상가에서 선각자로 대접을 받게 된다. 권력자가 된 요시다의 젊은 제자들은 스승을 선각자로 치켜세움으로써, 자신들은 선각자에게 배운 새 시대의 적통임을 은연중에 과시한 것이다. 요시다에 대한 추앙은 조슈(야마구치) 출신으로 최장수 총리가 된 아베 신조에게 그대로 나타난다. 요시다를 말하는 아베 총리의 마음 한구석에는 '요시다의 정신적 법통은 같은 야마구치 출신인 나에게 이어졌다. 나는 특별하다'라는 심리가 깔려 있을지 모른다.

3. 정한론, 아베와 일본회의 진화론

조슈의 정한론 실행

조슈가 중심이 된 신중 정한론의 요체는 조슈 출신 야마가타가 총리 시절인 1890년 3월에 내놓은 '외교정략론'에서 찾아볼 수 있다. 야마가타는 1889년 12월에서 1891년 5월까지 제3대 총리를 지냈다. 그리고 1898년 11월~1900년 10월에는 제9대 총리였다. 총리를 두 차례 역임했지만, 야마가타는 총리로 보다는 '일본 육군의 아버지'로 더 유명하다.

근대 일본 육군을 만든 야마가타는 1894년 청일전쟁이 나자 총리를 지냈음에도 자신이 직접 육군 1군사령관을 맡아 조선 반도에서 일본군이 청군을 이기는 데 공헌을 한다. 두 번째로 총리를 지낸 후인 1904년에 러일전쟁이 발발하자, 이번에는 육군 참모총장이 돼 전쟁을 승리로 이끈다. 러일전쟁 후에 나온 것이 을사늑약이다. 같은 조슈 출신으로 초대 총리를 지낸 이토 히로부미가 전면에서 정한을 실행해 갔다면, 야마가타는 후면에서 무력으로 이토를 뒷받침 한 정한의 양대 주역이었다.

야마가타 내각의 외교정략론은 주권선과 이익선 개념을 설정한다. 일본 이익선의 중심은 바로 조선이라는 것이다. 이익선을 못 지키면 완전한 독립국가라 할 수 없으므로 일본의 주권선 수호를 위해서라도 조선을 점령하거나 최소한 중립화 시켜야 한다

는 것이 외교정략론의 요체이다.[74]

조슈가 중심이 된 신중 정한론은 일본의 국력을 감안하여 단계적인 조선 침략을 실행했다. 1884년 갑신정변 이후 1894년 청일전쟁이 일어나기까지 조선에서 일본과 청나라는 세력 균형을 이뤘다. 이 시기 조선왕조에 가장 영향력이 큰 사람은 청나라의 위안스카이(袁世凱)였다.

1880년대 일본의 정한론자들은 일본의 무력이 청을 능가할 수 있을 때까지 조선에 대해 본격적인 군사적 침략을 하지 않고 기다렸다. 1890년 무렵, 일본의 힘에 대한 자신감이 생기면서 조선을 일본의 이익선으로 설정하고, 군대를 보낼 기회를 엿봤다. 강경 정한론자들은 1870년대부터 한반도 출병을 주장했으나, 조슈번 출신들이 중심이 된 신중 정한론자들은 일본의 국력신장을 도모하면서 1890년대까지 대규모 병력 파견을 미뤘다. 조선에 더 위협적인 것은 이들 신중 정한론자들이었다.

갑오농민전쟁을 이유 삼아 1894년 6월 일본은 8,000여 명의 병력을 한반도에 보낸다. 농민군이 자주적으로 물러남으로써 파병을 할 어떠한 명분도 없었으나 일본은 거침없이 밀고 들어왔다. 경복궁을 점령하고 고종을 사실상 감금했다. 화승총을 든 동학

---

74) 서승원, 『근현대 일본의 지정학적 상상력』, 고려대학교출판문화원, 2018.

군 수만 명은 사거리가 긴 신식 소총으로 무장한 일본군 1개 대대 병력도 당해낼 수 없었다. 일본군은 전라, 경상, 충청도를 휩쓸며 농민군 수만 명을 학살했다.[75]

일본군은 풍도 앞바다의 해전, 충남 성환의 육전을 시작으로 한반도를 전쟁터로 삼아 청일전쟁으로 돌진했다. 일본은 1895년 청일전쟁에서 최종 승리해 시모노세키조약을 체결했고 조선에서 청 세력을 완전히 몰아냈다.

이노우에 가오루(井上馨)는 외무대신을 지낸 후인, 1894~95년에 조선 주재 일본공사를 지내며 침략의 선봉에 섰다. 이노우에의 후임 조선 공사인 미우라 고로(三浦梧樓)는[76] 명성황후 시해를 지휘했다. 오시마 요시마사(大島義昌)는[77] 여단장으로 경복궁에 진주한 병력과 농민군 공격 병력을 통솔했다. 이노우에, 미우라, 오시마 모두 조슈번 출신들이다.

조슈가 이끈 신중 정한론자들은 집요하고 교활했다. 러시아가 청일전쟁 후 한반도에 욕심을 내자, 일본은 러시아와의 정면충돌을 피하고 한발 물러났다. 일본은 늙고 병든 제국인 청을 쉽게 이

---

75) 이와나미신서 편집부, 서민교 옮김, 『일본 근현대사를 어떻게 볼 것인가』, 어문학사, 2013.
76) 미우라는 이노우에와 달리 군인 출신이다. 1877년 세이난 전쟁 때 사이고 다카모리의 근거지인 가고시마성을 공격한 정벌군의 여단장이었다.
77) 오시마는 아베 신조 총리 외할머니의 외할아버지이다. 미우라와 오시마는 요시다 쇼인으로부터 직접 교육을 받은 것은 아니다. 미우라는 1847년, 오시마는 1850년 출생이다. 요시다는 1859년에 죽었다. 그러나 미우라와 오시마 모두 조슈 출신 군인으로, 대외 팽창을 강조했던 요시다의 간접적인 영향을 받은 것은 분명하다.

길 수 있었지만, 러시아와의 승부에서는 승리를 장담할 수 없었기 때문이었다. 일본은 고종의 아관파천을 받아들였다. 1896년 베베르-고무라 각서를[78] 통해 한반도에서의 러시아의 영향력도 인정했다. 러시아와 일본은 1904년 러일전쟁 발발 때까지 한반도에서 세력의 균형을 꾀했다.

러시아에 대한 군사적 우위를 기대할 수 있게 되자 일본은 러일전쟁에 돌입했다. 러일전쟁의 승리, 영일(英日)동맹, 미국과의 가쓰라-태프트 밀약 등을 거치며 일본은 대한제국을 강점하기에 이른다. 이 과정을 총지휘한 일본의 수뇌부는 이토 히로부미, 야마가타 아리토모, 가쓰라 다로(桂太郞), 데라우치 마사다케(寺內正毅) 등이 있다.

가쓰라 다로는 일본 총리대신을 두 차례 지냈다. 가쓰라의 첫 번째 총리 시절(1901년6월~ 1906년1월)에 을사늑약이 체결됐다. 가쓰라의 두 번째 총리 때(1908년7월~1911년 8월)에 경술국치로 조선은 국권을 완전히 잃었다. 데라우치는 러일전쟁과 을사늑약 때 육군대신이었고, 3대 조선통감으로 와서 대한제국의 주권을 강탈했다. 데라우치는 초대 조선총독으로 지내며 가혹한 통치를 자행했다. 가쓰라와 데라우치 역시 야마구치현, 즉 조슈 출신이다.

---

78) 조선주재 러시아 공사 베베르와 일본 공사 고무라 주타로(小村壽太郞)가 체결했다. 각서는 일본과 러시아가 함께 고종의 각료 임명에 대해 권고할 수 있으며, 자국민과 영사관 등의 보호를 위해 양국 모두 병력을 조선에 주둔시킬 수 있도록 했다.

요시다 쇼인은 1850년대 조선 침략을 주장했다. 당시로선 몽상에 가까웠던 요시다의 주장은 60여 년 만에 현실이 됐다. 한반도는 일본의 일부가 되는 비극을 맞았다. 요시다의 몽상을 실현시켜 그를 정한론의 선구자로 만든 것은, 요시다의 직·간접적인 영향을 받은 고향 후배들인 조슈 출신 정한론자들이었다.

멈추지 못하는 군사적 팽창 야욕

일본 육군의 엘리트 장교였던 이사하라 간지(石原莞爾)는 1931년 5월 '만몽(滿蒙) 문제 사건'이라는 글을 작성해 배포한다. 이시하라는 "만주와 몽골을 일본의 영향력 아래에 두면 조선이 안정될 것이고, 일본의 식량난, 인구 과다, 자원 부족 문제를 해결할 수 있을 것"이라며 "만몽을 일본의 이익선으로 해야 한다"고 주장한다. 1890년 조선을 일본의 이익선이라고 했던 것을, 40여 년 후인 1931년에는 이익선을 만몽까지 크게 북상시킨 것이다. 만몽이 이익선이라는 것은 한반도는 일본의 일부이며, 한반도 지배를 영구화 하겠다는 의미를 담고 있다.

이시하라는 동료 고급 장교들과 함께 남만주철도폭파사건을 조작해 1931년 9월 만주사변을 일으킨다. 1890년대 조선에 출병하듯, 일본군은 만주에 본격적으로 진군해 갔다. 일본은 장쉐량

(張學良)의 동북군을 철저히 무력화 시키고, 괴뢰국인 만주국을 세워 만주를 사실상 지배했다.

이시하라는 야마가타(山形)현 출신이다. 이사하라와 함께 만주사변을 일으켰던 이타가키 세이시로(板垣征四郎)는[79] 이와테(岩手)현에서 태어났다. 태평양전쟁의 수괴인 도조 히데키(東條英機) 전 총리는 도쿄 태생이다. 관동군의 핵심으로 만주 침략의 주역이었던 이들 세 명은 1890년대 태생들이다. 도쿠가와 막부를 타도하고 신정부를 열어, 조선 침략의 주역이 됐던 조슈 출신들은 1830-40년대에 태어났다.

두 세대가 지나면서 일본 권력층 내에서 조슈번의 압도적 우위는 많이 허물어졌다. 군부만 보더라도 초기엔 막부를 향해 총칼을 들었던 조슈 출신들이 군 상층부를 장악했으나, 일본 제국의 시스템이 정비되면서 육군사관학교가 세워지고 육사 출신들이 군의 상층부에 대거 진출하게 된다. 이렇게 되면서 다양한 지역 출신들이 군국주의로 무장한 침략의 일본을 이끌어 가게 된 것이다.

일본의 이익을 위해서는 강압적 방법을 써서 한반도와 만주로 진출해야 한다는 요시다 쇼인과 같은 정한론자들의 주장은 출신

---

79) 똑같은 호전적 군국주의자들이었지만 이시하라는 도조 히데키와 사이가 좋지 않았다. 이 때문에 태평양전쟁 때에는 큰 역할을 하지 못하고 육군 중장으로 예편했다. 반면 이타가키는 조선군사령관, 육군대신을 지내며 태평양전쟁 때 적극적으로 활동했다. 도조와 불편했던 이시하라는 도쿄 극동전범재판소 법정에 가는 것을 피했으나, 이타가키는 사형선고를 받고 형이 집행됐다.

3. 정한론, 아베와 일본회의 진화론

지역과 관계없이 일본 지도층에게 강한 영향력을 미쳤다. 요시다가 만주 침략을 언급한 지 80여 년 후인 1930년대에 일본은 사실상 만주를 완전히 통치하기에 이른다. 일본의 국력을 우선 키워가면서, 침략 대상에 대한 승산이 확실할 때까지 신중하게 접근하자는, 무섭고 교활한 신중 정한론자들의 오랜 바람이 성사된 것이다.

만주 점령 후 일본은 군부가 정치의 주도권까지 쥐게 되면서 군국주의자들의 호전적 책동을 제어하지 못하게 된다. 일본은 1937년에 중일전쟁을 일으켰다. 그리고 불과 4년 뒤인 1941년에는 국력을 감안하지 않고 무모하게 미국을 상대로 태평양전쟁을 도발했다. 결국 수백만 명의 국민들을 전쟁터 등에서 죽게 한 끝에 패전의 쓰라림을 맞보게 된다.

일본회의, 일본 최대의 강경우익단체

일본회의는 1997년 5월 '일본을 지키는 국민회의'와 '일본을 지키는 모임'이 통합하여 결성된 보수 우익 조직이다. 일본회의는 자신들을 '전국에 풀뿌리 네트워크를 가진 국민운동 단체'라고 주

장하고 있다.[80]

'일본을 지키는 국민회의'는 1979년 원호 법제화[81] 운동을 계기로 탄생한 우파 조직으로 보수 성향의 재계 및 정계, 학계의 인사들이 모여 1981년 결성되었다. '일본을 지키는 모임'은 신사 본청을 중심으로 우파의 종교 단체들이 모여 1974년에 결성되었다.[82] 일본회의의 초대 회장은 일본 와코루사의 창업자인 츠카모토 코이치(塚本幸一)가 맡았다. 2대 회장도 기업인으로 이시카와지마 하리마 중공업 회장과 일본상의 회장을 지낸 이나바 코사쿠(稻葉興作)였다. 3대 회장은 최고재판소 장관(대법원장)을 역임한 미요시 도루(三好達)이다.

일본회의 측은 홈페이지 등을 통해 자신들의 활동 목표를 '국민 통합의 중심인 황실 존경과 동포애 함양', '신헌법 제정 추진', '독립국의 주권을 지키고 국가 안전 고양', '일본의 전통적 감성을 키우는 교육을 통해 조국에 대한 자부심을 지닌 청소년 육성'이라고 밝힌다.[83]

일본회의는 정치적 측면에서는 개헌이 단체의 가장 큰 목표임

---

80) 일본회의 홈페이지(www.nipponkaigi.org) 참조.
81) 원호(元號)법제화란 메이지, 다이쇼, 쇼와 등 일황연호의 사용을 법으로 정한 것이다. 그 결과 일례로 일본 중의원 공식 홈페이지의 의원 소개를 보면, 아베 신조 의원에 대해 1954년생이라고 하지 않고 '昭和29년생'이라고 표기한다. 2019년 대신 '令和元年'이라고 쓴다.
82) 이명천 편, 『일본회의와 아베 정권의 우경화』, 동북아역사재단, 2018.
83) 일본회의 홈페이지(www.nipponkaigi.org) 참조.

을 분명히 하고 있다. 개헌을 통해 일본군의 위상을 강화하는 것이 일본의 주권을 지키고 국가안전을 확고히 하는 길이라는 것이 일본회의의 핵심 주장인 것이다. 일본회의 참여 인사들은 핵무장론을 공공연히 내세우기도 한다. 일본회의는 '아름다운 일본의 헌법을 만드는 국민의 모임'이라는 단체 결성을 주도하고 1천만 명 개헌서명 운동을 적극 전개하기도 했다.[84]

일본회의는 사회적 측면에서는 '전통 중시'를 내세워 일본 고유의 것을 강조하는 국수주의적이며 보수적인 성향을 노골적으로 드러내고 있다. 일본회의는 외국인 참정권, 부부별성제,[85] 여성 미야케(宮家·왕족) 창설[86] 등에 대해 반대 목소리를 높이고 있다. 강한 보수 색채로 인해 일본회의는 일본 극우의 대본영(大本營)이라고 불리기도 한다.[87]

---

84) 아사히신문, 2015.12.25.
85) 일본 민법은 결혼하면 부부가 같은 성(姓)을 사용하도록 하는 부부동성제도를 채택하고 있다. 법제상으로는 아내 쪽 성을 쓰는 것이 가능하지만, 95%이상이 남편 쪽 성을 사용하고 있는 실정이다. 여론조사에서는 부부가 다른 성을 쓸 수 있는 별성(別姓)제에 대한 찬성이 높다. 그러나 일본 법원은 부부 동성제에 대해 합헌 판결을 내리고, 보수파들은 별성제를 인정하는 법 개정에 강력 반대하고 있다.
86) 일본 왕실의 여성 왕족이 결혼 후에도 미야케 신분을 잃지 않게 하려는 것이다. 보수파들은 여성 미야케 창설은 여성 일왕이 나오는 것으로 이어진다며 반대하고 있다(산케이신문, 2019.5.29).
87) 중앙일보, 2013.5.1.

일본회의 조직과 특성

2019년 11월 현재 일본회의 홈페이지에 나온 임원은 50여 명이다.[88] 임원은 크게 세 부류로 나눌 수 있다. 첫째는 교수 등 전문가 그룹이다. 다쿠보 다다에(田久保忠衛) 회장도 지지통신 기자를 거친 교린(杏林)대 명예교수이다. 둘째는 전직 대사 등 고위 관료와 기업 경영인 출신이다. 셋째는 신사(神社)나 일본 불교계 고위 관계자들이다. 야스쿠니 신사의 궁사(宮司·제사 등의 업무를 담당하는 신사의 최고 수장)였던 고호리 구니오(小堀邦夫),[89] 메이지 신궁 궁사인 나카지마 세타오루 등이 대표위원직에 이름을 올렸다.

세 부류 임원 중 종교계 출신이 임원의 절반가량을 차지한다. 일본회의는 일본 고유의 종교와 단단하게 결합되어 있는 것이다. 고유 종교와의 결속력은 전국적인 조직망과 강한 활동력의 밑거름이 되고 있다. 일본회의는 일본 47개 전 광역지자체마다 지역 본부를 두고 있다. 전국에 산재한 지부는 230여 개에 달한다. 이들 지방조직에서 활동하는 임원이 3,100여 명으로 알려져 있

---

[88] 일본회의 홈페이지(www.nipponkaigi.org) 참조.
[89] 고호리는 2018년 "아키히토 일왕이 야스쿠니를 망치려고 있다"는 발언을 한 극우 중의 극우이다. 아키히토 전 일왕은 재임 시절 태평양전쟁에 대해 깊은 반성을 하고 필리핀, 베트남 방문 때에는 전몰자 위령비에 헌화하고 참배한 바 있다. 아키히토 일왕은 1989년 즉위 이래 단 한 번도 A급 전범이 합사된 야스쿠니 신사를 찾지 않았다. 이런 일왕의 행보에 대한 일본 극우들의 반발이 고호리의 입을 통해 적나라하게 표출된 것이다.

다.[90] 전체 회원 수는 3만8천여명이다.

종교와의 밀접성 외에 일본회의의 두드러진 특성은 강한 정치 지향성이다. 일본회의는 발족과 함께 별도 조직으로 '일본회의 국회의원 간담회'를 만들었다. 2007년에는 '일본회의 지방의원 연맹'을 뒀다. 1997년 발족당시는 일본 중·참의원 중 115명이 일본회의 간담회에 참가했으며 2019년 현재 전체의원의 40%가량인 280여 명이 참여하고 있는 것으로 알려져 있다. 일본의 우경화와 함께 일본회의는 무서운 기세로 세를 불린 것이다. 일본회의연맹 소속 지방의원은 1,600여 명 정도이다.

일본회의 소속 의원은 숫자도 많지만, 정치적 영향력은 더 막강하다. 2019년 9월 출범한 아베 총리의 새로운 내각의 각료 20명 중 15명이 일본회의 소속이다. 아소 다로 부총리가 '일본회의 국회의원 간담회'의 특별고문 요시히데 관방장관, 다카이치 사나에 총무장관, 모테기 도시미쓰 외무장관, 에토 세이이치 오키나와·북방영토담당장관, 하기우다 고이치 문부과학장관, 가토 가쓰노부 후생노동장관 등이 모두 '일본회의 국회의원 간담회' 회원이다.[91]

2014년 9월에 성립한 아베의 3차 내각 때에는 각료 19명 중 16

---

90) 이명천 편, 앞의 책.
91) 조선일보, 2019.9.17.

명(84%)이 일본회의 국회의원 간담회 소속이기도 했다.[92] 일본의 내각은 아베 신조가 조각한 '아베 내각'임과 동시에 일본회의라는 극우단체의 '동료 내각'인 셈이다.

일본회의의 또 다른 특성 중 하나는 호전적인 역사인식을 표방하고 있다는 것이다. 일본회의는 2015년 8월 '종전 70년에 즈음한 견해'라는 제목의 글을 자신들의 홈페이지에 싣는다. 이 글에서 일본회의는 "대동아전쟁은 미국과 영국 등에 의한 경제 봉쇄에 저항한 자위(自衛)전쟁"이라고 했다. 일본은 대동아(大東亞)라는 이름으로 침략전쟁을 도발했다. 패전 후 일본에서 대동아전쟁이라는 용어 자체가 사실상 금기어가 됐다.

일본회의는 전전(戰前)의 국가체제나 대외전쟁을 비판적으로 보는 역사인식을 자학사관이라고 비판하며 배제한다. 무라야마 담화 등 과거사에 대한 일본의 사과 등을 전면적으로 부정하는 사관을 표방하고 있는 것이다.[93] 2005년에는 야스쿠니신사 20만 명 참배운동을 벌이기도 했다. 이러한 자신들의 사관을 애국교육이라는 이름으로 학생들에게 가르치자는 것이 일본회의의 주장이다. 일본회의는 한국과 중국 등 동아시아 국가들과의 평화적 공존을 어렵게 하는 역사인식을 노골화하고 있는 것이다.

---

92) 스가노 다모쓰 지음, 우상규 옮김, 『일본 우익 설계자들』, 살림, 2017.
93) 이명천 편, 앞의 책.

아베 신조와 일본회의

아베 신조 총리는 '일본회의 국회의원 간담회'의 창립 멤버이다. 물론 아베는 교과서의원연맹, 신도의원연맹, 야스쿠니의원연맹, 헌법조사추진의원연맹 등 다른 우파 성향 의원 모임에도 빠짐없이 이름을 올렸지만, '일본회의 국회의원 간담회'에서는 간사장, 회장 대행을 지낼 정도로 오랜 기간 열성적으로 참여해 왔다. 총리가 돼서는 '일본회의 국회의원 간담회'의 특별고문을 맡고 있다.

아베 총리는 2002년 일본회의 창립 5주년 대회에 참석해 관방부장관 자격으로 '납치 문제에서는 한걸음도 물러서지 않겠다'는 취지의 특별 연설을 했다. 창립 20주년인 2017년에는 집권당 총재 자격으로 "헌법 개정에 대한 국민적 논의가 매우 깊어지기를 기대한다."며 "여러분과 함께 일본을 세계의 중심에서 빛나는 나라로 만들고자 한다"라고 말해, 일본회의와의 강한 유대감을 분명히 드러내기도 했다.[94)95)]

개헌을 통해서 자위대에 대한 헌법적 근거를 확실시하여, 일본

---

94) 일본회의 홈페이지(www.nipponkaigi.org) 참조.
95) 일본회의 측도 2016년 다쿠보 회장이 일본 주재 특파원들과 가진 회견에서 아베 총리를 두고 "정중앙의 보통국가에서 오른쪽으로 가려하는 민족주의자가 아니라 극좌에서 보통국가로 가기 위해 구체적으로 움직이는 유일한 정치인"이라고 평가하는 등 아베와의 '찰떡궁합'을 노골적으로 과시했다(연합뉴스, 2016.7.13).

도 법적으로 군대를 보유한 '보통국가', '정상국가'로 하자는 데에 아베 총리와 일본회의는 같은 입장이다. 아베와 일본회의는 군대 보유를 원칙적으로 금지하고 국가의 교전권을 인정하지 않는 현재 일본헌법을 '평화헌법'이 아니라 '강요된 헌법'이라고 비판한다. 이미 막강한 전력을 가지고 있는 자위대를 더욱 강화해 거침없이 국경 밖에서도 행동할 수 있도록 '날개'를 달아주자는 것이다.

다만 아베 총리는 미국과의 관계를 중시할 수밖에 없는 현직 총리여서, 일본회의와 같이 태평양전쟁의 침략성을 전면적으로 부인하지는 못한다. 아베 총리는 한중, 한일관계의 토대가 되는 무라야마 담화를 확고하게 계승하겠다는 입장은 내놓지 못하고 있으나, 무라야마 담화의 전면적 부정이 몰고 올 파장을 감안해 부인하지도 않고 있다. 아마 아베 신조의 본심은 일본회의 측 인사들과 거의 같을지 모르지만, 현실주의자 정치인인 아베 총리는 역사인식에 대한 일본회의 측 주장을 그대로 실행하고 있지는 않다. 일본회의는 외국인에 대한 배타적 성향을 노골화하는 등 우익의 본색을 나타내 보이고 있지만, 아베 총리는 경제에 대한 긍정적 효과를 감안해 외국인 노동자들이 일본에서 일하는 것을 인정하고 있다.

19세기 정한론은 조슈(야마구치현) 출신들을 중심으로 이뤄졌다. 그러나 20세기 말에 수면 위로 본격 등장한 일본회의는 특정 지역을 중심으로 구성되지는 않았다. 츠카모토 초대 회장은 미야기(宮城), 다쿠보 현 회장은 치바(千葉)현 태생이다. 일본회의는 일본 전역에 널리 퍼져 있는 신사 등 종교단체를 그 근간으로 하고 있다.

그러나 정한론과 일본회의는 이웃 국가와의 평화공존을 추구하기 보다는 일본 제일주의를 우선시하는 팽창주의적 태도에서, 확실한 공통점을 보이고 있다. 일황에 대한 존숭을 명분 삼아 권위주의적 체제를 지향한다는 점에서도 정한론과 일본회의는 같은 입장이다. 정한론을 시작으로 근·현대 일본의 동아시아와 태평양 지역에 대한 침략과 만행으로 인해 일어난 인류의 보편적 가치를 심각히 침해하는 범죄에 대하여, 반성과 사죄를 거부하는 일본회의는 정한론자들의 정신적 아들이요, 손자라고 할 수 있다.

정한론자들과 일본회의의 교집합의 정점에 있는 인물이 바로 아베 신조 일본 총리다. 아베 신조는 야마구치(조슈)에서 국회의원 9선을 하고 있다. 정한론 주역들과 같은 지역 출신이다. 또한 아베는 정한론의 선구자격인 요시다 쇼인에 대한 존경을 공개적으로 거듭 밝히는 등 일본 근·현대사에서의 대외적 팽창주의를 긍정적으로 바라보고 있다.

아베 총리는 '일본회의 국회의원 간담회'의 핵심 인물이다. 창립회원이었고, '간담회'의 간사장, 회장대행을 지냈다. 또한 총리로서 내각 각료의 3분의2나 4분의3을 일본회의 소속 회원들로 채우고 있다.

침략의 과거사를 오히려 옹호하고 자국 제일의 국수주의적 태도를 견지하는 일본회의의 위상과 존재감이 일본 사회에서 더욱 강화된다면, 일본과 동아시아 여러 나라와의 관계는 서로간의 뿌리 깊은 불신으로 인해 장기적으로 파탄을 맞을 수밖에 없다. 19세기말과 20세기 초중반에 일어났던 비극의 동아시아사가 다시 펼쳐질 수도 있는 것이다.

자국 제일주의, 편협한 민족 제일주의가 아니라 열린 자세와 포용적 시각에서 동아시아를 아우르려는 사상과 인물들이 동아시아의 중심이 되어야 한다. 그리고 그 출발은 가해자였던 일본에서 시작되는 것이 타당하다.

4
일본 정치와 파벌주의

파벌로 정치를 돌려막다

총리 자리에서 불명예스럽게 퇴진하고도 수년 뒤 부총리 겸 재무장관으로 다시 전면에 등장할 수 있는 정치 구도가, 파벌이 움직이는 일본 정치의 특색이다. 각 파벌이 합종연횡을 거쳐 총리를 만들어내고, 그 대가로 장관 등의 지분을 챙기는 것이다.

현 집권 여당인 자민당의 파벌은 대략 7개로 분류된다. 소속 의원 수 기준으로 ①호소다파(細田派) ②아소파(麻生派) ③다케시다파(竹下派) ④기시다파(岸田派) ⑤니카이파(二階派) ⑥이시바파(石破

派) ⑦이시하라파(石原派) 순이다.[96]

아베 총리는 세력이 가장 큰 호소다파에 소속돼 있다. 모리 요시로(2000년 4월~2001년 4월), 고이즈미 준이치로(2001년 4월~2006년 9월), 후쿠다 야스오(2007년 9월~2008년 9월) 전 총리도 호소다파[97]였다. 호소다파는 최근 20년 내에 가장 많은 총리를 낸 유력 파벌이다.

일본 언론은 호소다파에 속한 젊은 의원들 사이에서 같은 파벌에 속한 아베 총리가 파벌 내 젊은 차세대 주자들을 키우지 않아, 차기나 차차기 후보로 호소다파 출신들이 거론되지 않는 것에 대한 불만의 목소리가 나온다고 보도하고 있다.[98]

아베 총리가 자신의 정권기반 유지를 위해 다른 계파들에게 자리를 안배하는 데 신경을 쓰는 반면, 자파 내 정치인을 장관이나 주요 당직으로 발탁해 차기를 위한 정치 경력을 쌓을 수 있도록 하는 데에는 무관심하다는 것이다.

---

[96] 재팬올, 2019.7.25.
[97] 정식 이름은 세이와(淸和)정책연구회이다. 1970년대 말 총리를 지낸 후쿠다 다케오(福田赳夫)가 초대회장이다. 마치무라 노부타카(町村信孝) 전 관방장관이 회장 시절에는 마치무라파라고 불렸으나, 2014년 말 호소다 히로유키(細田博之) 전 자민당 간사장이 회장이 돼 지금은 호소다파라고 불린다. 호소다는 파벌 내 대표 주자인 아베 총리보다 나이(10세)와 정치 경력(1990년 첫 당선, 아베는 1993년)에서 앞서는 선배이다. 호소다도 아버지(호소다 키치조우)가 방위청 장관을 지낸 의원이다.
[98] 마이니치신문, 2019.9.4.

아소 부총리는 두 번째로 큰 파벌인 아소파의[99] 보스다. 아소는 아베 총리를 지지하고 그 반대급부로 2차 아베 내각이 출범하는 2012년 12월부터 부총리 겸 재무장관에 올랐다. 아베가 최장수 총리가 되면서 아소 또한 역대 최장수 각료라는 기록을 챙겼다.

자민당 내에서도 센 우파로 분류되는 아소는 '망언 제조기'로도 명성을 곧잘 날리고 있다. '천황도 야스쿠니 신사참배를 해야 한다', '창씨개명은 조선인이 원해서 한 것이다'는 등의 망언으로 국제적 반발을 부를 뿐 아니라, '성희롱은 죄가 아니다'는 발언으로 일본 내에서도 강한 비판의 대상에 올랐다.

그럼에도 '자리'를 그대로 지킬 수 있는 것이 일본의 파벌 정치의 한 특징이다. 국민의 시선과 여론보다는 파벌 간의 이합집산과 이해관계에 따라 정권이 구성되고 작동하는 일본 정치의 현주소를 아소 다로는 여실히 보여주고 있다. 의원들이 총리를 선출하는 의원내각제하에서는 의원들이 속해 있는 각 파벌의 존재를 결코 무시할 수 없다. 의원들도 차기 공천과 정치적 성장을 위해서는 파벌이라는 울타리를 절대적으로 필요로 한다. 파벌에 속

---

99) 아소파는 59명 정도의 의원이 소속돼 있는 것으로 알려져 있다. 최대 파벌인 호소다파는 94명 정도이다(세계일보, 2018.4.13).

하지 않으면서 정치를 하는 것이 드문 예외에 속하게 된다.[100]

물론 의원내각제하에서도 총리 등 핵심 정치인 개개인의 철학과 소신이 정책 등에 큰 영향을 미친다. 그러나 그 영향력의 정도는 대통령제에 비해 낮다는 것이 일반적인 평가다. 파벌 중심적 정치에서는 그 파벌의 집단적 의사가 그 대표 정치인을 통해서 표출되는 경우가 잦다.

현재 자민당 내 최대 파벌인 호소다파(세이와회·淸和會)는 1990년대까지만 해도 자민당 내 비주류였다. 세이와회는 헌법 개정, 자위대 확대에 적극적이어서 보수정당인 자민당 내에서도 강한 보수로 분류된다. 이런 세이와회가 일본의 우경화 바람에 힘입어 자민당 내 최대 의원집단이 된 것이다.

1980년대와 90년대 자민당 내 주류는 '헤이세이(平成)연구회' 였다. 1987년 11월~1989년 6월 총리를 지낸 다케시타 노보루(竹下登), 김대중 대통령과 한일 파트너십 선언을 한 오부치 게이조가 이 파벌의 대표 주자였다. 이 계열의 정치인들은 보수 정치인들이지만, '세계에 공헌하는 일본의 건설', '한일 신시대 협력체제 구축' 등을 주장해 이웃 국가들과의 분쟁이 적었다.

다케시타파와 연결되는 헤이세이연구회 계열은 아베 신조 총

---

100) 고이즈미 전 총리는 세이와정책연구회 소속의 총리였다. 그러나 고이즈미는 파벌의 확장을 경계해 세이와회를 탈퇴했다. 우익 보수지만, 자유주의자인 측면도 상당했다는 것이 고이즈미에 대한 일반적인 평가다. 아들 고이즈미 의원은 무계파 의원으로 활동한다.

재의 자민당 내에서는 비주류로 전락했다. 누카가 후쿠시로(額賀福志郞)[101] 전 재무상이 회장이었으나 다케시타 와타루(竹下亘)[102] 의원으로 대표가 바뀌었다.

아베 총리가 2차례 집권을 하고 최장수 총리가 된 것은 소속 파벌인 호소다파의 위세가 커진 것과 궤를 같이한다. 호소다파는 2012년 아베 신조의 2차 집권 시절만 해도 중의원과 참의원 의원 수를 합쳐 40~50명이던 것이, 2019년에는 90명을 웃도는 수준으로 커졌다.

이른바 '강한 일본'을 부르짖는 보수 계열의 정치인들이 공천과 당선이 많이 됐고, 무당파나 다른 파 소속 정치인들의 합류가 늘어나면서 몸집이 커진 것이다. 호소다파의 이런 위세가 아베 신조가 자민당 당 규정까지 바꿔가며 당 총재를 3연임할 수 있는 밑바탕이 됐다.

2000년대 들어서서 호소다파의 득세와 자민당의 강한 보수화는 일본 사회의 우경화와 밀접하게 연관되어 있다. 일본 우경화의 원인으로 공통적으로 지적되는 것은 20여 년의 장기 침체로 인한 일본 사회의 자신감 상실이 한국과 중국의 국력 성장과 맞물리면서, 일본 사회 내에 민족주의적 경향이 강화되고 강한 일

---

101) 1944년 출생으로 이바라키(茨城)현을 지역구로 둔 12선 의원이다. 일한의원연맹 회장이기도 한다.
102) 1946년 출생으로 시마네(島根)현 출신의 7선 의원이다. 국가공안위원장을 지냈다.

본을 요구하는 목소리가 커졌다는 것이다.

자민당 내 우파의 강화는 일본 내 학계, 재계, 종교계, 정치계의 우파들이 결집한 집단인 '일본회의'의 세 불리기와도 그 궤적을 같이하고 있다. 1997년 결성된 일본회의는 현 일본의 평화헌법 개정을 핵심 목표로 삼으며 활동하고 있다.

일본 사회의 우경화 기조 속에서 강한 보수 성향의 파벌이 주도권을 쥐고, 비슷한 성향의 사회단체의 목소리가 커지는 현상이 계속된다면, 일본과 이웃 나라들 간에 마찰은 불가피할 수밖에 없다. 이웃 국가와의 갈등을 자양분 삼아 정치적 이득을 더 챙기려는 이런 보수주의자들은 국제사회 시선과 일반 국민들의 눈높이를 고려해 가며, 자국이 명분상 우위를 점할 수 있다고 판단되는 사안을 기회로 삼아 대대적인 공세를 펴는 것이다.

일본의 일부 극단적인 우파 정치인들은 "위안부는 돈벌이를 위한 것"이라는 등의 망언을 배설하기도 한다.[103] 반면 호소다파 계열 정치인들은 강제징용 배상 문제에 대해서는, 징용의 비인도성 등에 대한 부정보다는 한국이 박정희 정부(1965년), 노무현 정부(2005년) 때에는 이 문제가 '한일 청구권협정으로 해결된 것'이라고 해놓고도 이를 파기한 것은 '국가 간 약속을 어기는 신뢰의 문제'

---

103) 이시하라 신타로(石原慎太郎) 전 도쿄도지사, 산케이신문, 2015.11.16.

라는 논리로 파고들고 있다. 이것이 자민당 내에서 상대적으로 덜 보수주의적인 정치인들과 일반 국민들 사이에서도 먹혀들고 있는 것이다.

이런 정치인들의 대표 주자가 아베 신조 총리이고, 아베 총리가 설령 2021년 하반기에 퇴진하더라도 일본 정치와 사회에서 강경 보수주의가 세를 얻고 있는 한, 제2 제3의 아베가 출현해 자신들에게 최소한의 명분이 있다고 보이는 일을 기회로 삼아, 한일 과거사에 대한 도발 등 역사를 퇴행하는 갈등을 유발할 것으로 판단된다.

한국은 아베 총리와 같은 강경 보수주의 정치인들의 말과 행동에 대해서는 경계를 늦추지 않고 때로는 진력을 다해 이들과 강하게 맞서 싸우는 한편, 역사의 퇴행을 거부하고 이웃 국가들과의 선린관계를 중시하는 일본 내 여러 세력들을 지지하고 이들과 연대하여 궁극적인 동북아 평화와 공존의 길을 열어나가야 할 것이다.

5.
망언과 혐한으로 표를 얻는 아베

망언의 선두에 선 아베

일본 정치의 주요 특징 중 하나는 정치인들의 망언이 잦은 것이다. 그것도 유력 정치인들이 격에 걸맞지 않는 부적절한 언행을 상시로 해댄다. 다른 나라들 같으면 중요한 위치에 있는 인사일수록 발언의 무게감을 감안해, 가급적 품격을 잃지 않으려 하고 발언의 정확성에 신중을 기하는 편인데, 일본은 고위급 정치인들이 오히려 망언 대열의 선두에 서는 경우가 흔하다.

이런 정치인의 대표적인 실례 중 하나가 바로 아베 신조(安倍晋三) 총리이다. 아베 총리는 2019년 7월 TV인터뷰에 출연해 "한국은 약속을 지키지 않는 나라다. 상식에 따라 행동해 주길 바란

다", "문재인 대통령의 대북 영향력은 크지 않다"는 말을 했다.[104]

이웃 나라와 이웃 나라 현직 국가원수를 TV에 나와 공개 비난한 모욕적인 언사가 아닐 수 없다. 토론 프로그램 등에서 정치 평론가나 학자가 이런 말을 했다면, 표현의 자유가 보장된 민주국가에서는 '그럴 수도 있다'고 할 수 있다. 당 대변인이나 개별 국회의원이 이런 발언을 했다면 정치적 행위로 보아 넘어갈 수도 있는 사안이다.

그러나 일국의 정상이 다른 주권 국가와 그 국가의 수반을 향해 '신뢰할 수 없다'는 식의 공개 비난을 퍼붓는 것은, 그 나라와는 우호적인 관계를 끊겠다는 선전포고나 다름없다. 모욕을 당한 국가로서는, 국가의 자존감을 지켜 나가기 위해서라도 상응하는 맞대응을 하지 않을 수 없는 것이다.

게다가 모욕을 당한 나라와 모욕을 한 나라는 그 직전 연도(2018년)에 관광 등을 이유로 양국 국민 1천50만여 명이 서로의 나라를 찾을 정도로 국민들 간에 교류가 빈번했다.[105]

이런 상황임에도 최고 지도자가 먼저 나서 상대국을 경멸하고 나선 것은 자국을 찾아 준 상대국 국민에 대한 몰염치일 뿐 아니

---

104) 아베 총리 〈한국은 신뢰할 수 없다〉, 중국넷 〈확실히〉〈일본이 한국에 강한 건…〉, 익사이트뉴스, 2019.7.10.
105) 2018년 일본을 찾은 한국인 관광객은 754만 명으로 추산된다. 같은 해 한국을 찾은 일본인 관광객은 295만 명 정도이다. 한국, 일본 모두 상대방 국가 국민은 자국을 두 번째로 많이 찾아 온 외국인이었다.

라 이웃 국가와의 선린관계 지속을 바라는 자국 내 일반 국민들의 정서를 외면한 독단적 처사가 아닐 수 없다.

게다가 아베 총리의 측근이자 집권 자민당의 실세인 하기우다 고이치(萩生田光一) 문부과학장관은[106] 자민당 간사장 대행 시절인 2019년 7월 "한국에 수출한 화학 물질의 행선지가 어디인지 알 수 없는 사안이 발견됐다"고 주장했다. 북한이라는 국명을 직접 거명하지는 않았으나, 한국이 일본에서 수입한 화학물질을 북한에 수출한 것 아니냐는 식의 발언을 내놓은 것이다.

일국의 유력 정치인이라면 이런 민감한 발언을 할 때에는 구체적인 근거를 제시하며 주장을 펴는 것이 상식이다. 그럼에도 하기우다 전 간사장 대행은 '아님 말고'식의 주장을 버젓이 내놓았다.

그러나 하기우다는 '가짜 뉴스'성 발언에 대해 정치적 책임을 지기는커녕, 2개월 뒤에 있은 아베 총리의 내각 인사 때 오히려 장관으로 입각해 아베 총리와 자민당 주류의 정서가 어디에 있는지를 여실히 보여줬다.

---

106) 도쿄 출신의 5선 중의원이다. 1963년 출생으로 시의원, 도쿄도(都)의원을 거쳐 2003년 중의원에 당선됐다. 일본 정치인의 일반적인 코스대로 재선 때 차관보급인 정무관, 4선 때 부(副)장관을 거쳐 5선 때 장관이 됐다. 아베 총리와 캠핑을 같이 할 정도로 가까운 사이다.

5. 망언과 혐한으로 표를 얻는 아베

일본 보수파 정치인들의 잇단 망언

한국언론진흥재단 미디어연구센터는 2015년 뉴스 아카이브 '빅 카인즈'를 활용해, 국내 8개 주요 중앙일간지에 보도된 일본 정치인 망언 관련 10년치(2005년 7월 1일~ 2015년 6월 30일) 신문기사를 분석했다.

이 조사에서 망언으로 한국 언론에 가장 많이 보도된 인물은 아베 총리인 것으로 나타났다. 아베 총리는 과거사, 위안부, 야스쿠니, 평화헌법 등 한일 간에 갈등을 빚는 문제에 대해 거의 빠짐없이 망언을 쏟아냈다.

아베 총리와 함께 '망언 3인방'에 오른 정치인은 하시모토 도루(橋下徹) 전 오사카 시장, 아소 다로(麻生太郞) 부총리 겸 재무상이었다. 망언 관련 주제로는 2013년 이전에는 '독도'와 '교과서'가 차지하는 비중이 가장 높았으나, 2013년부터는 '위안부'와 '야스쿠니'에 대한 언급이 많은 것으로 조사됐다.[107]

언론은 보도를 할 때 발언의 내용뿐 아니라 발언자의 직책과 현실적 영향력을 함께 고려한다. 아베 총리가 '망언 1위'를 한 데에는 조사기간 동안 총리를 두 차례나 할 정도로 정치적 영향력

---

107) 지난 10년 간 '망언'과 관련된 일본인 중 1위는 단연 아베 총리, 세계일보, 2015.8.18.

이 커서, 다른 정치인과 달리 발언 하나하나가 다 빠짐없이 기록되고 한국 언론에 보도된 측면이 있었을 것이다. 이런 점을 고려해도 아베 총리가 다른 유력 정치인들에 뒤지지 않을 정도로 망언을 자주 했음은 분명하다.

아베 총리가 정치인 초년병 시절부터 망언을 하며 성장을 해온 것은 아니다. 아베 신조의 망언은 4선 의원이 된 2003년 11월 처음으로 한국 언론에 보도된다.

물론 초선, 재선 의원 시절엔 언론의 관심이 약한 편이어서 발언 내용이 대중에게 전달되지 않는 경우가 잦다. 또 지금처럼 SNS가 발달되지 않은 시대여서, 발언이 알려지지 않은 채 그대로 사장되었을 수도 있다.

그러나 아베 신조는 '총리의 외손자, 총리 유력 장관의 아들'인 의원이었고, 고이즈미 총리의 북한 방문 때 일본인 납북 피해 관련 강경 대처 주장 등으로 2002년부터는 스타급으로 부상한 유력 정치인이었다. 그럼에도 아베 신조의 망언 퍼레이드의 첫 장은 주연이 아닌 조연으로의 출연이었다.

2003년 11월 당시 나카야마 나리아키 문부과학장관이 "역사 교과서에서 군대위안부니 강제연행이라는 말이 줄어든 것은 정말 잘된 일"이라는 궤변을 내놓았다. 일본 국회 내 야당에서 "문부상이 교과서 내용에 대해 언급하는 것은 지극히 경솔한 일"이라는 비판이 제기되자, 정부 대변인인 관방장관은 "개인적인 신념을 피력한 것일 뿐"이라며 파문을 축소하려 했다. 고이즈미 당시 총리도 "미디어는 특정 부분만을 거론한다. 발언의 진의를 알리려면 전체를 거론해야 한다"며 언론 탓으로 돌리며 상황을 유야무야 넘기려 했다.

즉 고이즈미 내각은 문부과학상의 발언을 전면 부정하지는 않았으나, 정부 차원의 견해는 아니라는 식의 입장을 내놓으며 진화에 나서는 다소 어정쩡한 태도를 유지한 것이다. 보수 우파적 색채가 뚜렷한 고이즈미 총리였지만 고노 담화와 무라야마 담화를 존중하겠다는 입장을 가지고 있었고, 일본 정부가 한국 정부와 함께 2004년을 양국 간 '우정의 해'로 이미 선언해 놓은 상황에서 한국과의 관계를 파탄 낼 의향까지는 없었다.

이때 자민당 쪽 인사들이 고이즈미 총리의 야스쿠니 참배에 대해 편들기에 나서는 방식으로, 정부 쪽 보수인사들에 대한 지원사격에 나섰다. 다케베 쓰토무 자민당 간사장은 "중국이 참배하지 말라고 해서 참배하지 않으면 어떻게 되겠느냐. 이는 내정간섭"이라고 말했다.

아베 신조 당시 자민당 간사장 대리는 한술 더 떠 "차기 총리도 야스쿠니 참배를 계속해야 한다"고 주장했다.[108] 이것이 아베 총

---

108) 경향신문, 2004.11.30.

리의 망언 발언 중 첫 번째 사례이다.

아베 의원의 발언은 무라야마 담화 존중 및 계승이라는 한일관계의 기본 틀에 대한 근본적인 부정이라기보다는 일본 내 우익 강경파들이 자주 하는 수준의 발언이었다. 당시 언론도 아베 신조에 대해서는 과거사 등에 대한 발언 쪽보다는 일본의 핵무장론을 주장하는 등 자민당 내 보수파의 새 지도자로 주목하는 측면이 강했다.

당시 2000년대 초반에 '망언 제조기'로 악명을 날린 것은 이시하라 신타로 도쿄도지사였다. 이시하라는 한국에 대해서는 "한일합방은 조선인의 총의로 선택한 것"이라는 등 한일관계를 전면적으로 부정하는 극한 망언을 내놓았다. 이시하라는 중국을 향해서는 "중국인들이 무지하기 때문에 (선저우 5호 유인 우주선) 발사 성공에 황홀해하고 있다"고 저급하게 비아냥대는 등, 정치인으로서의 존재 이유를 망언에서 찾는 사람과 같았다.

고이즈미 내각에서 망언으로 두드러진 인사는 아소 다로였다. '망언 전문가'로까지 불린 아소는 2003년 총무장관 재직 때는 "창씨개명은 조선인이 희망해 이뤄졌다"고 말해 한국의 강한 반발을 불러일으키기도 했다. 아소는 "총리가 야스쿠니에 가지 않는다고 이웃 국가와의 관계가 갑자기 좋아지지는 않을 것"이라고 말하며 야스쿠니 신사참배에 적극적인 주장을 펴는 등 틈날 때마다 망언을 해댔다.

5. 망언과 혐한으로 표를 얻는 아베

일본 정계의 다른 인사들도 "2차 대전과 관련해 일본은 비난받을 게 없다(2001년 노로타 호세이 의원)", "한국인 위안부는 돈을 벌기 위한 것이 목적이었다(2001년 가지야마 세이로쿠 의원)" 등 망언을 거듭 토해냈다.

아베 총리의 망언 퍼레이드 1

먼저 2005년부터 2007년까지 아베 총리의 망언 퍼레이드를 살펴보자. 아베 신조는 2005년 10월 말 고이즈미 내각의 관방장관으로 첫 입각한다. 임기를 8개월 남겨놨던 고이즈미 총리가 '포스트 고이즈미' 3인방을 내각의 주요 직책에 전진 배치하는 인사를 한 것이다. 아소를 외무장관, 아베를 관방장관, 다니가키 사다카즈(谷垣禎一)를 재무장관에 임명했다.

당시 아베 신조는 대북 강경노선을 '주력 상품'으로 삼아 국민적 관심과 인기를 모은, 차기를 노리는 유력주자였다. 핵무장 등 '강한 일본'을 주장하며 일본 정가의 대표적인 네오콘(신보수주의자)으로 이름을 날렸다.

매파 성향의 우파인사답게 야스쿠니 신사참배에 적극적인 견해를 보였으나, 이시하라 지사나 아소 외무장관 등이 열심인 과거사 부정 등의 망언과는 다소 거리를 두고 있었다. 한일, 중일관계를 금 가게 하는 망언에 전면적으로 나서는 것이 '정치적 득점'을 하는 데 별 도움이 되지 않는다는 판단을 했던 것으로 보인다.

2000년대 초·중반쯤부터 일본 사회의 '우향 우' 움직임은 점차 가속화되었다. 2001년 7월 자민당이 참의원 선거를 앞두고 민간 싱크탱크에 의뢰해 실시한 여론조사에서 자민당 총재를 겸하고 있는 고이즈미 총리의 신사참배 계획에 대해 '적극 찬성' 11.7%, '공감한다'가 26.1% 등 긍정적인 답변이 33.3%에 그쳤다. 반면 전체 응답자 중 45.9%는 '찬성과 반대 어느 쪽도 아니다'라고 답해 유보적 입장을 내놓았다.

그 후 야스쿠니 참배에 대한 찬성이, 반대나 유보를 앞지를 정도로 일본 국민들의 여론이 바뀌게 된다. 2005년 10월의 니혼게이자이신문 조사에서 응답자의 47%가 고이즈미 총리의 신사참배를 찬성했다. 반대한다는 답변은 37%에 불과했다. 우경화 경향과 함께 유보적 입장을 보이던 일반 국민들이 참배 찬성 쪽으로 차츰 돌아선 것이다.[109]

당시 10여 년 이상 계속되던 장기침체로 인한 고통과 자신감

---

109) 일본의 '우익 성향' 강화의 가장 강력한 요인으로 중국의 부상을 지적하는 견해가 있다. 중국의 경제력이 상승하면서, 일본과 중국과의 잇단 마찰(어선충돌, 중국의 희토류 수출 보복, 센카쿠열도 영토 분쟁, 중국 해군함정 레이더의 일본 군함 조준 등)이 이어지고, 중국의 부상에 위협을 느끼는 일본인이 많아져, 이것이 '강한 일본'을 주장하는 정치인 지지로 이어진다는 것이다. 중일은 2010년을 기점으로 경제규모가 역전, 일본은 '세계 3위'로 한 계단 밀려났다(이면우, 『일본 보수주의 분석』, 세종연구소, 2018).

저하로 힘들었던 일반적인 일본 국민들이, 고이즈미 총리의 신사 참배에 대해 한국과 중국이 강하게 반대하자, 한국과 중국이 커진 경제력 등을 바탕으로 간섭을 하는 것이 아니냐는 반발감과 거부감을 가지면서, 일본 내 강경 매파들의 주장에 귀를 열고 여론으로 힘을 실어준 것이다.

총리 재임 5년차를 맞은 노련한 정치인인 고이즈미 또한 이런 여론의 변화를 읽었다. 2005년 11월의 마지막 개각 때 한국과 중국의 반발이 예상됨에도 온건파로 분류됐던 후쿠다 야스오(福田康夫) 의원 대신 '망언 전문가'인 아소 다로를 외무장관에 보란 듯이 임명하는 등 보수 강경 세력에 힘을 실어줬다.

개각 이후 우파 노선을 더 뚜렷이 한 고이즈미 내각의 지지율은 50%를 넘을 정도로 크게 올랐고, 덩달아 '일본판 네오콘'으로 불린 아베 신조 신임 관방장관의 지지도도 동반 상승했다.

3대 정치인으로 정치적 후각에 민감한 아베 신조가 기존 전공이던 대북 강경노선 이외에 '한국 때리기'에 나선 것도, 정치적 득점을 올리는 데 크게 도움이 될 수 있다는 판단을 한 것으로 보인다. 아베 신조도 이때부터 서서히 일본 정치인들의 망언 무대에 같이 오르기 시작한 것이다.

2005 ~ 2011년 아베 신조의 과거사 발언

시기	직책	발언내용	비고
2005.3	자민당 간사장 대리	위안부는 요시다 세이지[110]가 지어낸 이야기. 언론이 만들어 낸 이야기가 밖으로 나갔다	지방의원 상대 심포지엄 강연
2005.11	관방장관	국민의 한 사람으로서 지금까지 (야스쿠니) 참배해 왔다. 지금까지의 기조를 유지하겠다	취임 기자회견
2006.2	관방장관	일본 국내법에 따르면 A급 전범은 범죄인이 아니다. 일본은 샌프란시스코 강화조약에 따라 재판결과를 받아들였을 뿐이다	중의원 예산위, 의원 질문 답변
2007.3.1	총리	일본이 강제로 위안부 여성들을 끌어들였다는 아무런 증거가 없다	기자회견
2007.3.5	총리	(위안부 문제 관련 일본의 사죄를 요구하는 미국 하원 외교위원회의 결의안에 대해) "사실에 기반을 두고 있지 않다. 의결이 되더라도 내가 사죄하는 일은 없을 것이다"	참의원 예산위, 의원 질문 답변
2007.3.12	총리	고이즈미 전 총리와 하시모토 전 총리도 과거 위안부 여러분에게 (사죄의)편지를 보냈다. 그런 마음은 나도 전혀 변함이 없다. 고노 담화 계승해 나간다	NHK 출연

---

110) 요시다 세이지(吉田淸治)는 자신이 일제강점기 제주도에서 많은 한국인 여성들을 노예사냥 하듯 강제징용해 위안부로 보냈다고 주장하는 책을 펴냈고 언론 인터뷰 등에서 이를 주장했다. 그러나 한국과 일본 학자들이 연구한 결과, 요시다의 주장은 사실이 아님이 밝혀졌다. 관련 보도를 한 아사히신문도 2014년 보도를 취소했다. 그러나 이는 요시다라는 거짓말쟁이가 자신의 경험담이라고 주장한 것이 사실이 아니라는 것일 뿐이다. 일본군이 젊은 여성들을 강제동원하고 노예상태의 위안소를 운영하는 데 관여하였음은 여러 나라 피해자들의 일관된 증언과 관련 국가들의 문서 등에 의해 역사적 사실로 분명히 확인되고 있다.

2005년 아베 신조 당시 관방장관은 야스쿠니 신사참배를 공언하는 등 보수 매파 정치인으로서의 본인의 정체성을 유감없이 드러냈다. 2006년 2월 중의원 예산위에 출석한 아베 장관은 "2차 대전은 침략전쟁이냐"고 묻는 야당 의원의 질문에 "역사가 판단할 문제이다. 정부가 역사의 재판관은 아니다"라며 침략전쟁임을 인정하지 않았다. A급 전범은 일본법상 범죄인이 아니라는 주장을 하면서, 야스쿠니 참배를 거듭 옹호하기도 했다.

　그러나 아베 관방 장관이 과거사에 대한 부정과 함께 일본의 20세기 침략전쟁을 긍정하는 데까지 나아가지 않은 데에는, 일본 보수파 내에서의 견해 차이가 일정 부분 영향을 미쳤을 것으로 추정된다.

　그 당시 일본 보수파 내에서는 전통 보수와 극우 보수 간에 온도 차이가 있었다. 산케이신문으로 대표되는 극우파들이 전전(戰前)의 영광을 부르짖으며 군국주의마저 정당화하려는 반면, 나카소네 야스히로(中曾根康弘)[111] 전 총리, 와타나베 쓰네오(渡邊恒雄)

---

111) 1982년 11월~1987년 11월에 총리를 지낸 일본 보수파의 거두다. 총리 퇴임 후에도 15년 넘게 의원을 지내는 등 20선 의원을 지냈다. 야스쿠니를 처음으로 참배하고 자위대의 예산을 대폭 증액했다. 한국을 처음 방문 한 일본 총리이다.
김대중 대통령 취임식 때도 한국을 찾았다. 2009년 서거 때에는 "김 전 대통령을 자주 만나왔지만 항상 민주주의와 시장경제에 대해 확고한 신념을 보여주셨고 남북통일에 대한 뜨거운 열의에도 여러 번 감동했던 기억들이 아직도 생생하다"는 추도사를 하는 등 김 전 대통령과도 상당한 친분이 있었다.
나카소네 전 총리는 2018년 김종필 전 총리 별세 때에는 "오랜 친구를 잃게 돼 참으로 슬픈 마음을 가눌 길이 없다. 한일 역사는 김종필을 빼고는 말할 수 없다"고 조사를 할 정도로 김 전 총리와는 가까운 사이였다.

요미우리 회장 등을 중심으로 한 전통 보수파들은 군국주의와는 일정한 선을 그으면서 전후 미국의 입김으로 위축된 일본의 자존심 회복을 우선시했다.[112]

이들 전통 보수들은 언론 등을 통해 "고이즈미가 이데올로기 장사를 하고 있다. 고이즈미의 야스쿠니 참배로 일본의 아시아 외교가 망가지고 있다"고 정면으로 비판했다. 와타나베 회장의 요미우리신문은 망언을 일삼는 아소 다로를 향해서는 "고이즈미 정권이 아니면 이미 사임했을 것"이라고 공격하기도 했다. 고이즈미 총리가 극우보수까지는 아니지만, 이웃 국가들과 관계를 악화시키면서까지 이를 지지율 유지 확대의 수단으로 쓰는 것에 대해 꼬집은 것이다.

전통 보수파들은 당시 차기 총리가 유력시되는 아베 관방장관에게도 야스쿠니 참배 불가를 권고하기도 했다. 아베 장관으로서는 '우향 우'로 가고 있다고는 하나, 전쟁 전의 일본에 대해 보통의 국민들이 가지고 있는 반감과 전통 보수파들의 견제 등을 감안해 극우의 길을 노골화하지 않은 채, 2006년 9월 총리에 오르게 된다.

2007년 3월 1일 총리 아베 신조는 "일본이 강제로 위안부 여성

---

112) 박용채, 경향신문, 2006.2.20.

들을 끌어들였다는 아무런 증거가 없다"고 말해, 정상적인 한일 관계를 위한 최소한의 전제 조건인 고노 담화를 부정하는 망언을 내놓는다.

3월 1일의 발언은 총리 취임 전후 단행한 자민당과 정부 인사에서 강경우파 인물들을 요직에 전진 배치한 연장선상에서 나온 것이었다. 아베 총재는 자민당의 정책을 총괄하는 정조회장에 "(일본군 위안부에 대한) 강제 연행이 있었는지는 알 수 없다"는 망언을 한 바 있는 나카가와 쇼이치(中川昭一) 의원을 임명하는 등 망언 전력자들에게 어떠한 불이익도 주지 않았다.

아베 총리는 그달 12일 의원 질문에 대한 답변을 통해 "미국 하원에서 위안부 결의안이 채택되더라도 사죄하는 일은 없을 것"이라며 1일에 한 발언이 우발적이 아님을 재확인했다.

그러나 아베 총리는 한 달도 되기 전에 꼬리를 내린다. 미국 내 여론이 무척 안 좋아졌기 때문이다. 뉴욕타임스(NYT)는 6일자 사설에서 위안부 강제동원에 대한 일본 정부의 공식 인정과 사과를 촉구하고 나섰다. 일본 정부가 반론문 게재를 요청하자, NYT는 8일자 1면 기사를 통해 일본을 다시 강하게 비판했다.

NYT는 '강제동원의 증거가 없다'는 아베 총리를 향해 "일본군 역할의 가장 직접적 증거는 위안부들의 증언"이라며, 한국과 타이완, 호주 출신 위안부 할머니들을 인터뷰한 기사를 내보냈다. NYT는 또 "국수주의자인 아베 총리가 이전에도 과거사 문제를 경시해왔다"면서 "이는 일생을 악몽 속에서 살아가는 위안부들의 고통에 대한 책임도 회피하는 것"이라고 직격탄을 날렸다.[113]

LA타임스가 아키히토(明仁) 일왕의 직접 사과를 촉구하는 사설을 게재하고 미국 정부 당국자들의 비판이 이어지자, 아베 총리는 NHK방송에 출연해 고노 담화를 인정한다며 진화에 나섰다.

아베는 또 2017년 4월 미국에서 열린 미일 정상회담에서 당시 조지 부시 대통령에게 위안부 발언 등에 대해 사과했다. 부시 대통령은 "아베 총리의 사과를 받아들이겠다"고 했다.

위안부 피해자나 그 피해자가 나온 국가의 대표에게 사과를 한 것이 아니라, 미국 대통령에게 사과를 한 아베 총리에 대해, 당시 미국 하원에서 일본 정부의 위안부 강제동원 공식 사과 결의안을 추진 중이었던 민주당의 마이크 혼다 의원은 NYT인터뷰에서 "미국 대통령이 왜 일본 총리의 사과를 받아들이느냐. 부시는 성노예의 피해자가 아니지 않으냐"고 반문하기도 했다.[114]

일본 내에서도 아사히신문은 '사죄 대상이 잘못된 것 아니냐'는 제목의 사설을 통해 "총리의 사과 방법은 기묘하다. 총리가 사죄해야 마땅한 위안부 피해자에 대해서는 (사죄한 것이) 아니지 않으냐"고 지적하고 나섰다.

---

113) 한국일보, 2007.3.7.
114) 부시, 아베 위안부 사과 '수용' 파문, 서울신문, 2007.4.30.

아베 총리는 미국과의 전쟁에서 여성을 성노예로 동원한 명백한 사실을 부정해 미국의 심기를 불편하게 한 것에 대해 사과한 것이지, 피해자들이 겪은 엄청난 고통과 아픔에 공감하고 이런 잘못에 대한 근본적인 반성을 한 것은 아니었다.

총리가 3월 12일 고노 담화의 계승을 밝혔음에도 아베 내각의 시모무라 하쿠분(下村博文)[115] 관방부장관은 26일 "일본군의 관여는 없었다"며 "위안부가 있었던 것은 사실이다. 나는 일부 부모들이 딸을 팔았던 것으로 본다"는 역대급 망언을, 그것도 기자회견을 통해 토해냈다. 이런 발언이 나올 수 있는 것은 총리의 사과에 진정이 담겨 있지 않음을 내각 내부에서는 너무나 잘 알고 있었기 때문이었다.

망언에도 불구하고 시모무라는 2012년 말 2차 아베 내각이 들어서자 문부과학부장관으로 중용된다. 일본은 교육부가 없다. 문부과학부장관이 문화, 과학, 스포츠 뿐 아니라 교육부 업무도 담당하고 있다. '부모가 딸을 팔아 위안부가 됐다'는 거짓말을 공개리에 한 의원에게 교육 업무의 책임자를 맡긴 것에서, 일본의 '불편한 진실'을 외면하고 왜곡하고자 하는 아베 내각 핵심들의 변하지 않는 본심을 알 수 있다.

---

115) 1954년생으로 도쿄 출신의 8선 의원이다. 아베 1차 내각에서 관방부장관을 지냈다. 아베 총리의 2차 집권 후에는 올림픽 담당 장관을 역임했다. 2019년 9월에는 자민당의 요직인 당 선거대책위원장에 임명됐다. 아베 총리의 측근으로 분류된다.

위안부 강제동원을 부인했다가 미국에서 곤욕을 치른 데다, 2007년 5월 정치헌금 문제로 내각의 농수산장관이 자살하고, 테러대책특별조치법 연장 문제 등으로 야당과의 대립의 격화되는 등 다른 현안이 잇따라 터지면서, 그해 9월 사임할 때까지 아베 총리의 망언은 자취를 감추게 된다.

아베 총리의 망언 퍼레이드 2

2008년부터 2018년까지 아베 총리의 망언 퍼레이드를 살펴보자. 아베 신조가 다시 과거사와 관련된 목소리를 낸 것은 2012년 8월 자민당 총재 경선을 앞두고서이다. 2011년 아베 신조는 자민당 의원들과 함께 야스쿠니 신사를 공개 참배하는 등 우익 행보를 보이기는 했으나, 총리 퇴임 이후 2012년 이전까지는 적극적인 발언과 행동은 하지 않았다.

2012년 8월 자민당 총재경선에 출마한 아베 신조 의원은 고노 담화와 무라야마 담화를 수정할 필요가 있다는 폭탄발언을 내놓는다. '우익의 아이콘'으로서 자신의 정체성을 확실히 해 자민당 내 보수표를 잡겠다는 의도였다. 아베 의원은 당 총재 경선에서 이기고, 예상대로 자민당이 중의원 총선서 다수당이 됨으로써, 2012년 12월, 5년 3개월 만에 다시 총리직에 오르게 된다.

2008 ~ 2018년 아베 신조의 과거사 주요 발언

시기	직책	발언내용	비고
2012.8	당 총재 경선 후보	자민당이 집권하면 1992년 미야자와 담화, 1993년 고노 담화, 1995년 무라야마 담화 등 침략전쟁에 관한 반성을 담은 정부 입장을 수정할 필요가 있다	산케이신문 인터뷰
2012.9	당 총재 경선 후보	다시금 총리에 취임하는 경우 이것(야스쿠니 신사참배)부터 생각해 보겠다	총재 선거 후보자 공동 기자회견
2013.4.22	총리	무라야마 총리 담화를 아베 내각이 그대로 계승하는 것은 아니다	참의원 예산위 발언
2013.4.23	총리	침략에 대한 정의는 학계에서도 국제적으로도 정해져 있지 않다. 어떤 관점에서 보는가에 따라 다르다	참의원 예산위 답변
2013.5	총리	무라야마 담화를 정권으로서는 전체적으로 계승해 나갈 것이다	참의원 예산위 발언
2013.10	총리	과거 총리 재임 시절(2006~2007년) 야스쿠니 참배하지 못한 것이 통한(痛恨)이라고 말한 것에 지금도 변함이 없다. 나라 위해 쓰러진 분들 명복을 비는 마음은 지금도 마찬가지이며 지도자로서 그런 마음 표현은 당연	후쿠시마 방문 후 기자회견
2013.12	총리	일본은 다시 전쟁을 초래하지 않는다. 나는 과거에 통절한 반성 위에서 그렇게 생각하고 있다	야스쿠니 신사참배 후 담화

2014.4	총리	지난 선거(2012년 12월) 과정에서 (위안부 강제연행을 입증할 증거가 없다는) 각의 결정과 고노 담화는 함께 고찰돼야 한다고 주장했다	시사잡지 타임(TIME)의 인터뷰
2015.1	총리	(역대 정권이)되풀이해온 문구를 사용할지 여부가 아니라 아베 정권으로서 70년을 맞아 어떻게 생각하고 있는가 하는 관점에서 담화를 내고 싶다	NHK 프로그램
2015.4	총리	2차 대전에 깊은 반성을 느낀다. (사과 표명은 하지 않음)	자카르타 아시아·아프리카 정상회의 연설
2015.4	총리	위안부 문제에 관해서라면 인신매매에 희생당해 형용할 수 없는 고통과 아픔을 겪은 분들을 생각할 때마다 내 마음이 아프다	미국 하버드대 케네디스쿨 강연
2015.8.14	총리	일본은 지난 대전(大戰)에서의 행동에 대해 거듭 통절한 반성과 진심 어린 사죄의 마음을 표명해 왔다	종전 70주년 기념 담화
2015.11	총리	자녀, 손자, 그다음 세대의 아이들에게 사죄를 계속하는 숙명을 지게 해서는 안 된다. 최종적이고 되돌릴 수 없는 타결을 (종전) 70주년의 해에 할 수 있었다. 양국이 힘을 모아 새로운 시대를 여는 계기로 삼고 싶다 (일본 정부 '위안부'에 대해 사죄. 도의적 책임 인정, 법적 책임 불인정)	한·일 정부 위안부 합의 직후 기자회견

2015.12	총리	한국 외교장관이 '불가역적'이라고 했고, 그것을 미국이 평가한다는 절차를 밟았다. 이렇게까지 한 이상 약속 어기면 한국은 국제사회의 일원으로서 끝난다. 더 이상 사죄도 하지 않는다	언론 인터뷰
2016.1	총리	"일본군 위안부는 매춘부였다"는 자민당 의원 발언에 대해 "한·일 합의에 입각해 발언하라"고 입조심 요구	참의원 예산위 발언
2016.11	총리	헌법을 일본 자신의 손으로 제정해야만 한다는 선생의 신념이야말로 자민당의 골격. 그 뜻을 확실하게 우리들이 받아 계승해 갈 것을 약속드린다	오쿠노 전 법무장관[116] 장례식 조사
2017.1	총리	일본은 의무를 실행해 10억 엔을 이미 거출했다. 부산영사관 앞 소녀상 철거해야 한다. 한국은 (한일 합의를) 정권이 바뀌어도 실행해야 한다. 국가 신용의 문제다.	NHK 프로그램 출연
2017.12	총리	위안부 합의는 1mm 못 움직인다. 국제적인 약속이 지켜지지 않는다면 국가와 국가 관계가 성립할 수 없게 된다.	한국 정부의 위안부 합의 검증 결과 발표에 대한 반응
2018.2	총리	일본대사관 앞 소녀상은 외교상 문제가 있다. 북한은 핵과 미사일 개발에 주력하고 있다. 북한의 미소외교에 주의를 기울여야 한다.	평창 올림픽 참석차 방한, 문재인 대통령과의 정상회담 발언

2018.10	총리	(한국인 징용 피해자에 대한 일본 기업 배상책임 인정 판결은) 국제법에 비춰볼 때 있을 수 없는 판단. 1965년 한·일 청구권협정으로 (청구권 문제는) 완전하고 최종적으로 해결됐다	총리 관저서 기자들과 만난 자리에서 한국 대법원 판결 관련 발언
2019.7	총리	한국은 (대북)제재를 잘 지키고 있다고 주장한다. 하지만 국가 사이의 청구권협정을 어기는 게 명확한데, 무역관리 규정도 제대로 안 지키고 있다고 생각하는 게 당연한 것 아니냐	후지TV 출연, 반도체 소재 3개 품목 수출 규제 관련해 발언
2019.8	총리	미국의 요청에도 불구하고 파기를 한 것은 (한국이) 선을 넘은 것이다	한국의 지소미아(GSOMIA) 종료 결정에 대한 발언
2019.9	총리	(강제징용 문제는) 새로운 체제 아래에서도 조금도 바뀌는 것은 아니다. 지금까지처럼 한국이 우선 국가와 국가 간 약속을 지켜줬으면 한다	일본 새 내각 출범 기자회견

2013년 4월, 6년 전인 1차 총리 때와 거의 유사한 상황이 다시 벌어진다. 아베 총리가 "무라야마 담화를 아베 내각이 계승한 것

---

116) 오쿠노 세이스케(奥野誠亮)는 중의원 의원 40년을 하며 문부장관, 법무장관 등을 지냈다. 평화헌법 개정과 야스쿠니 신사참배 등을 계속 주장한 보수 강경파 정치인이었다. 일본군 위안부 문제에 대해 "위안부들은 모집에 참가한 사람들이 상행위(商行爲)를 한 것으로, 국가가 관여한 사실은 없다"는 망언을 하기도 했다.

5. 망언과 혐한으로 표를 얻는 아베

은 아니다"라는 한일, 중일관계의 근본 틀을 훼손하는 퇴행적 발언을 일본 의회에서 하고, 다음 날 이를 재확인한 것이다.

아베 총리의 이 발언에 대해 미국 의회조사국이 보고서를 통해 '아베 총리와 그 내각의 역사 문제 관련 발언이나 행동은 동북아 지역 국제관계를 흔들고 미국 국익을 해칠 우려가 있다'고 경고하고 나섰다. 또 '일본, 왜 독일처럼 역사에 정직하지 못하나(워싱턴포스트)', '일본이 민주주의 국가이고 (미국의) 동맹국이지만 아베 총리의 발언은 수치스럽다(월스트리트저널)' 등 미국 내의 싸늘한 반응이 전해지자, 아베 총리는 6년 전처럼 다시 꼬리를 내렸다.

어쩌면 아베 총리로서는 치밀하게 계산된 행보일지도 모른다. 일본이 한 과거사 사과를 부정하는 발언을 내놓아 선거 과정 등에서 자신이 한 말을 지키는 모습을 보이며 보수파로부터 정치적 득점을 딴 후, 일본이 눈치를 보는 미국에서 차가운 반응이 전해지면 이를 이유로 후퇴함으로써 정치적 손실을 최소화하는 것이다.

아베 총리는 야스쿠니 참배(2013년 12월)를 하는 등 오른쪽 행보를 분명히 하고, 국내외의 관심이 집중됐던 2015년 종전 70주년 담화에서 아키히토 일왕보다 낮은 수준의 언급을 하는 등 '우향우 행보'는 확실히 했다. 다만 아베 총리는 과거사에 대한 전면적인 부정까지는 하지 않았다.

2015년 12월에는 박근혜 정부와 위안부 문제에 관한 합의를 했다. 일본 정부의 법적 책임은 인정하지 않았으나 도의적 책임은 인정하고 사죄했다.

당시 아베 총리와 주변 보수 강경파들의 주안점은 위안부가 겪은 고통에 대한 공감과 불행한 침략전쟁을 다시는 반복하지 않겠다는 다짐 쪽에 있는 것이 아니라, 위안부 문제가 '최종적 불가역(不可逆)적으로 마무리 됐다'는 데 있었던 것으로 보인다. 자신들이 주장하는 '강한 일본'의 길을 걷는 데, 위안부 문제가 걸림돌이 되지 않아야 한다는 것이다.

아베 총리는 '자녀 손자세대에게 사죄를 계속하는 숙명을 지게 해서는 안 된다(2015.11)'고 하면서, 일본 극우 보수파의 상징이었던 오쿠노 전 법무장관의 장례식에 직접 참석해 '헌법 개정을 확실하게 계승하겠다'는 약속을 한다. 평화헌법을 바꾸고 일본의 재무장을 강화하려는 우익의 염원 실현을 위해서는 위안부 등에 대한 실체적 진실을 더 이상 부인하는 것이 오히려 장애가 된다고 판단한 것으로 보인다.

박근혜 정부가 한 위안부 합의에 대해 2017년 말 문재인 정부가 이를 불인정하고, 2018년 강제징용 피해자에 대한 일본 기업의 배상책임을 인정하는 한국 대법원의 판결이 나오자, 아베 총리와 그 측근 인사들은 기다렸다는 듯이 '한국 때리기'에 너나없이 나서게 된다.

'한국 때리기'로 재미 보는 아베 총리

한국을 공격하는 것은 일본의 정치지도자들에게는 지지율 상승을 가져올 수 있는 호재로 작용하는 경우가 잦다. 이 점은 한국도 마찬가지이다.[117]

아베 내각은 오사카 G20 정상회의(2019년 6월 28일~29일)가 끝나기를 기다려, 자유무역 원칙을 어겨가며 한국에 대한 경제보복 조치를 단행했다. 과거사 자체에 대한 부정을 명분으로 내세우지 않고, 국가 간 신뢰와 약속 위반을 그 이유로 내세웠다.

위안부와 강제징용의 본질에 대한 접근은 일본에게 크게 불리하기 때문에 이 부분에 대한 언급은 피하고, 국가 간 합의 파기 쪽에 한국 비난의 주안점을 뒀다. 아베 총리는 그 후 앵무새처럼 '국가 간의 약속'을 거론한다.

이런 아베 내각의 전략은 어느 정도 성공을 거두고 있다. 미국 트럼프 행정부와 국제사회는 과거 일본이 과거사를 부정했을 때와 달리, 이 문제에 관해서는 일본을 강하게 비난하지 않고 있다.

---

[117] 한일관계에서는 '깃발(국기) 주변에 모여들게 한다는 의미'인 '플래그 잇 어라운드(Flag it around)'라는 여론조사 전문용어가 그대로 적용된다. 한일관계가 악화하면 대통령 지지율이 상승하는 것이다. 이명박 전 대통령이 2012년 8월 현직 대통령으로서는 처음으로 독도를 전격 방문했을 때 이 전 대통령의 지지율은 한 주 만에 6%p 올랐다. 박근혜 전 대통령 때인 2013년 12월 아베 총리가 야스쿠니를 전격 참배했을 때 박 전 대통령의 지지율은 한 주 만에 5%p 상승했으나, 2015년 말 한일 간 위안부 합의가 나왔을 때는 지지율이 3%p 내렸다. 일본에서도 한국에 대한 비판공세가 가열되면서 아베 내각의 지지율이 한 주간에 4%p 상승했다는 조사결과가 있다(중앙일보, 2019.7.23/2019.2.19).

일본 내에서도 아베 내각에 우호적 여론이 조성됐다. 일본 TBS 계열의 뉴스네트워크 JNN의 조사결과, 한국을 무역 우대국(화이트리스트)에서 제외한 조치에 대해 '타당하다'는 응답이 58%, '타당하지 않다'는 24%로 나타났다. NHK 조사에서도 '적절하다'는 응답이 45%인 반면, '부적절하다'는 9%에 불과했다. '어느 쪽이라고 말할 수 없다'는 37%로 나왔다.

아베 내각은 한국을 공격해 정치적으로는 득점을 올리고 있는 것이다. 산케이와 후지TV FNN의 여론조사에서도 위안부 문제가 수습되지 않는 것은 "한국 측", "굳이 말하면 한국 측"에 문제가 있다고 답한 비율이 67.7%에 달했다.

아베 신조 총리가 전후 일본 총리 가운데 가장 우파적이라는[118] 사실은 분명하고, A급 전범 용의자로 이름을 올린 기시 총리의 외손자라는 점도 '군국주의자' 이미지를 확대하고 있는 원인일 것이다. 그러나 아베 총리를 우파적이고 군국주의자 이미지로만 이해하는 것은 너무나 표피적인 이해라고 할 수 있다.[119]

---

118) 우파와 좌파, 보수와 진보를 가르는 보편적이고 명확한 기준은 없다. 보수와 진보를 구분하는 기준은 시대와 국가에 따라 다양한 편이다. 미국에서는 총기보유와 낙태, 유럽에서는 이민자에 대한 태도 등이 유력한 기준이 된다. 일본에서는 평화헌법이라고 불리는 현 일본헌법 9조(전쟁 포기, 국가 교전권 불인정)의 수정에 대한 입장이 우파 여부를 가늠할 수 있는 기준으로 활용될 수 있다. 개헌을 반대한다고 해서 좌파라고 단정 지을 수는 없지만, 제9조 개헌을 적극 찬성한다면 우파라 봐도 무방할 것이다. 아베 신조는 적극적인 개헌 찬성론자임을 스스로 분명히 하고 있다.
119) 아오키 오사무 지음, 길윤형 옮김, 앞의 책.

아베 총리는 '어릴 때부터 나에게는 가까이에 정치가 있었다'고 회상할 정도로, 정치인 집안에서 자랐다. 아베 신조는 2000년대 초중반까지만 하더라도 우파적 성향은 노골적으로 드러냈으나 일본의 과거사를 부정하거나 이웃 국가를 적대시하는 행동을 보이지는 않았다. 그의 진심이 그러했는지, 그렇게 하는 것이 정치적으로 도움이 되지 않는다고 판단해서 그렇게 했는지는 그 자신만이 알 것이다.

1차 총리 시절 위안부에 대한 퇴행적 발언을 내놓으면서, 미국에 사과를 하는 등 곤욕을 치르고, 아베 신조의 과거사 부정은 한동안 수면 아래로 가라앉는다. 그가 감춰왔던 숨겨진 본심을 드러낸 것인지, 일본의 우경화 경향에 기대 '정치적 득점'을 노리고 위안부 발언을 작심하고 꺼낸 것인지는 역시 그 자신만이 알 것이다.

아베 총리는 다만 총리 퇴임 후 더 이상 과거사 문제를 꺼내는 것은 그 자신에게 정치적으로 도움이 되지 않는다고 판단한 것은 분명하다. 그 후 2012년 중반까지 약 5년간 아베 신조의 침묵은 이어진다. 이시하라 신타로(石原慎太郎) 도쿄도지사,[120] 하시모토

---

[120] 소설가, 환경운동가 출신으로 중의원 9선, 도쿄도지사 4선(1999-2012)을 지냈다. 2014년 낙선하며 정계 은퇴했다. '한일합방은 조선이 선택한 것', '센카구 열도를 도쿄도가 사들이겠다', '아이 보는 앞에서 아내 혼내라' 등 한국, 중국, 여성을 상대로 한 망언을 거침없이 쏟아낸 것으로 유명하다.

도루 오사카 시장,[121] 아소 다로 장관 등 망언제조기들이 활개를 칠 동안, 아베는 공개된 자리에서 속내를 내비치지 않았다.

왜 아베 총리는 망언을 하나

2012년 여름 자민당 총재 선거에 나서면서 아베 신조는 과거사에 대한 사과를 부정하고 야스쿠니 참배를 거론하는 등의 우파적 행보를 본격화한다. 그 사이 일본 정치권의 '우향 우'와 일본 사회의 우경화가 가속화돼 이런 주장을 노골적으로 펴는 것이 정치적으로 플러스가 더 크다고 판단한 것으로 보인다.

정치인은 어떤 흐름에 편승해 정치를 하다가, 어느 순간에는 그 흐름을 이끌어 나가기도 한다. 그 흐름이 강해지면 그 흐름에 더욱 기대고, 자신이 그 흐름에 에너지를 넣어가며, 그 흐름과 정치적으로 일체화되어간다.

어느 시점에 그 흐름에 편승할 것인가, 어떤 때에 그 흐름을 선도하고 이끌 것인가를 판단할 수 있는 것은 정치인의 능력과 운

---

[121] 변호사 출신으로 2011-2015년 오사카 시장을 역임했다. '일본에 필요한 건 독재다', '종군 위안부는 필요했다'는 등의 잇단 극우적 발언으로 대중적 관심을 끌었다. 2015년 오사카 시장 선거에서 하시모토 계열 후보의 당선을 막기 위해, 일본 민주당과 공산당이 자민당과 연대하여 자민당 출신을 지원하는 진풍경이 연출되기도 했다. 2015년 정계은퇴를 선언했다가 그 후 번복했다.

이다.

전통적 일본 우파들은 강한 일본을 염원하고 재무장을 추구했지만, 일본의 침략적 과거사를 노골적으로 부정하며 이웃 국가들과의 갈등을 초래하는 데에 적극적이지는 않았다. 그러나 우파 성향의 정치인인 아베 신조 의원은 2000년대 중반부터 본격적으로 이웃 국가와의 갈등을 조장하고 그것에서 에너지를 얻는 새로운 우경화 흐름에 편승했다.

아베 신조는, 총리 퇴임 후 재집권할 때까지의 권토중래기 동안, 한국과 중국의 경제력 성장 등 부상에 심리적 거부감을 느끼는 상당수 일본인들의 정서에 밑바탕을 둔 새로운 우경화 흐름의 정치적 효용성을 분명히 인식한 것으로 보인다. 2013년 말 아베 총리가 야스쿠니 신사참배를 한 직후 산케이신문의 여론조사에 따르면, 총리의 참배에 '긍정적'이라는 답변은 38.1%에 불과했다. 그러나 이에 대한 중국과 한국의 반발에 대하여는 국민의 60%가 납득할 수 없다고 답하였다.[122] 한국과 중국이 반발하는 뉴스가 쏟아지면 아베 총리의 지지율에 도움이 되는 것이다.

현실의 정치인인 아베는 국민 여론 동향과 주변국들의 반응 등을 면밀히 보아가며 때로는 그 흐름에서 반 발짝 물러났다가, 때

---

122) 조영정, 『일본의 내셔널리즘』, 사회사상연구원, 2019.

로는 그 흐름의 전면에 나서기도 한다. 2015년 종전 70주년을 맞은 일본과 아베 총리의 입장에 대한 전 세계의 관심이 쏟아지자, 사죄의 주체를 불분명하게 해 앞선 정부나 일왕에 비해서는 약한 수준의 종전 담화를 내놓았지만 침략을 부인하지는 않는 반 발짝 후퇴하는 모습을 보였다.

그러다가 2017년 한국의 새 정부가 전 정부와 일본 간의 합의를 불인정하자, '국가 간 약속 준수'를 명분으로 우경화의 선두에 서서 우경화 흐름을 이끌어가며, 선거 승리와 함께 정권의 안정적 연장이라는 정치적 결과물을 챙겨가는 것이다.

아베 총리는 국가주의적 견해를 가진 우파 성향의 정치인임과 동시에 철저하게 현실 중시의 실용주의적 정치인이다. 아베는 외할아버지가 총리, 할아버지가 의원, 아버지가 의원과 장관 출신인 가문에서 컸다. 정치적 후각이 남다를 수밖에 없는 성장 배경이다.

아베 신조에 대해 한때는 지한파라는 말까지 나왔다. 그러나 아베 총리는 짧은 기간 만에 가장 한국과 불편한 일본 총리가 됐다. 아베는 본인의 정치적 유불리와 일본의 국익에 따라 빠르게 입장을 바꿀 수 있는 현실의 정치인이다. 우경화의 흐름에서 물러나 있는 게 정치적 득점에 유리하다고 판단되면 기민하게 그 흐름에서 10보든 20보든 발을 뺄 것으로 보인다. 그러나 한국이 일본 극우파가 아니라 일본 전체에 대한 부정으로 나아가, 일본의 우경화에 역설적으로 도움이 되어 버린다면, 정치적 득실에 민감한 아베 신조는 우경화 행보의 선두에 나와 북 치고 장구 치는 일을 멈추지 않을 것이다.

일본 정치인들의 돌출행동

2011년 8월 신도 요시타카(新藤義孝)[123] 자민당 의원과 이나다 도모미(稻田朋美)[124] 의원은 독도에 대한 영유권을 주장하며 울릉도를 방문하겠다고 김포공항에 내렸다. 한국 정부는 이들의 입국을 거부했다.

신도는 당시 4선 의원이었음에도 일본 언론사 기자들이 '그런 의원이 있느냐'고 할 정도로 무명에 가까웠다. 그러나 김포공항에서 한바탕 소란을 피우고 일본으로 돌아간 신도 의원은 스타가 됐다. 극우주의적 성향을 가진 신도는, 아베 신조가 2012년 12월 총리에 재취임하면서 총무부장관에 전격 발탁됐다. 이나다는 행

---

123) 1958년생으로 사이타마현 출신의 7선 의원이다. 총무장관, 경제산업부장관을 지냈다. 1945년 이오지마(硫黃島)에서 일본군을 지휘한 구리바야시 다다미치 육군 대장의 외손자다.
124) 1959년생으로 후쿠이현 출신의 5선 의원이다. 여성으로는 두 번째로 2016년 방위청장관이 됐다. 아베 총리보다 더 우익적이라는 평을 받는 극우 성향이다. 위안부의 강제성을 공개리에 부인하고 야스쿠니 참배에 적극적이다.

정개혁담당 장관으로 기용됐다.

정치인들의 야스쿠니 참배 등이 끊이지 않는 이유는 무엇보다도 참배하고 나면 그 정치인에 대한 지지율이 오르기 때문이다. 정치인들이 이를 마다할 이유가 없다. 일본인들은 자국 중심적 행위와 발언을 하는 정치인에 대하여 대놓고 찬성하지 않는다. 그러나 은근히 이런 부류의 정치인들을 좋아한다. 그래서 정치인들은 자신의 정치적 이해관계를 위해 대외적 갈등을 부채질하는 경우가 적지 않다.[125]

정치인들은 역사와 시대, 그리고 다음 세대에 대한 책임감으로 이웃 국가와의 평화공존을 위협하는 행위에 대해 강력 항거하고, 화해와 협력의 길로 국가와 국민을 안내해야 한다. 특히 지도자급 정치인이라면 그 국가와 국민의 장기적 이익을 위해서라도, 마땅히 그래야 한다.

그러나 현실의 정치에선 미국도, 한국도, 일본도 자신과 소속 정파의 정치적 이득만을 노리는 선동형 정치인들이 많고 이들이 득세하는 시대가 왕왕 형성된다. 1960년대 박정희 정부 시절 야당의원이었음에도 불구하고 한일국교정상화에 찬성하는 용기를 낸 김대중 전 대통령과 누가 해도 비난을 들을 수밖에 없는 한일

---

125) 조영정, 앞의 책.

국교정상화의 한국 측 창구 역할을 맡은 김종필 전 총리의 사례는 정치인으로서 어쩌면 예외적인 경우에 속한다.

일본에서도 국회의원의 수준이 떨어졌다, 즉 열화(劣化)되었다는 지적이 나오고 있다. 한 명만 당선되는 소선거구제하에서는 눈앞의 인기만을 노리고 행동하거나 조직력이 강한 인사들만이 살아남는다는 것이다. 이웃 국가와의 관계를 의도적으로 훼손하는 망언과 돌출행동이 정치인들의 인지도를 높이고 다음 선거 득표에 도움이 되는 일이 실증되면서 망언과 돌출행동이 우후죽순처럼 튀어나오고 있는 실정이다.

망언 등이 빈번한 둘째 요인으로는, 자주 지적되듯이 일본 정치권의 우경화 기조이다. 1997년 5월 '일본을 지키는 국민회의'와 '일본을 지키는 모임'이라는 우파단체가 통합하면서 '일본회의(日本會議)'라는 거대한 우익단체가 결성됐다.

일본회의 설립 당시 이 단체에 참가한 현역 중·참의원은 115명이었다.[126] 20여 년이 지난 2019년 현재 일본회의에 소속된 국회의원은 300여 명에 이른다는 관측이 나오고 있다.[127]

일본회의는 '학교교과서에 있어서 자학적 기술의 시정', '전전의 전쟁은 침략전쟁이 아니며 사죄외교를 그만둔다', '내각총리대신

---

126) 아오키 오사무 저, 이민연 옮김, 『일본회의의 정체』, 율리시즈, 2017.
127) 조선일보, 2019.9.17.

의 야스쿠니신사 공식참배 실현'이라는 주장을 공공연히 펴는 극우적 조직이다. 초대 간사장은 일본 극우파의 대표격인 히라누마 다케오(平沼赳夫) 중의원이었다. [128] 히라누마는 "위안부는 전쟁터의 매춘부"라는 망언을 내뱉기도 했다.

극우 성향의 단체에 일본 전체 국회의원 710명[129] 중 40%가 넘는 의원이 회원이 될 정도로 극우 보수주의가 일본 정치권에 단단히 뿌리내려 가고 있는 것이다. 아베 총리와 아소 다로 부총리는 이 단체의 특별고문이다. [130] 이런 분위기에서 이웃 국가에서는 망언으로 취급되는 발언이, 극우단체에서는 당연한 말로 여겨지기 때문에 의원들이 거리낌 없이 망언을 늘어놓는 것이다.

셋째는, 망언이나 돌출행동 등이 유권자로부터의 심판을 거의 받지 않고 있기 때문이다. 아소 다로는 2008년 9월~2009년 9월 총리를 지내고, 아베 총리의 두 번째 집권 때인 2012년 12월부터 계속해서 7년 가까이 부총리 겸 재무장관으로 장기재임 중이다. 아소는 총리 때부터 종종 자질 시비를 낳았고, 망언의 빈도와 강

---

128) 1980-2017년 중의원 12선을 지냈다. 자민당 보수 강경파 등과 함께 탈당해 '일어나라 일본'이라는 보수정당을 만들기도 했다. 자민당에 복당했다. 고이즈미 내각에서 경제산업장관을 역임했다. 조부가 A급 전범으로 기소돼 종신금고형을 선고받고 복역 중 병사한 히라누마 기이치로전 총리다.
129) 중의원 465명, 참의원 245명이다. 2019년 현재 중의원은 제48대 의회로 2017년 10월 선출됐고 2021년 10월까지가 4년 임기이다. 참의원은 임기 6년이 보장된다. 그러나 중의원은 총리가 의회를 해산하고 조기 총선을 실시할 수 있다. 해산이 관행이어서 임기를 4년 다 마친 경우가 거의 없다. 제48대 중의원은 제1당인 자민당이 284석, 제1야당인 입헌민주당이 55석이다.
130) 아베 내각 각료 중 75%인 15명이 이 모임 소속이다(조선일보, 2019.9.17).

도에 있어서는 일본의 누구에게도 뒤지지 않는 정치인이다. 이웃 국가뿐 아니라 자국민들에게도 서슴없이 망언을 늘어놓는다.[131]

그러나 아소는 잦은 망언에도 불구하고 거뜬히 13선을 한 현역 중의원이다. 2017년 제48대 선거에서는 자신이 출마한 13번 선거 중에서 가장 높은 72% 지지율로 당선되기도 했다. 12선째인 2014년 선거에서는 71%를 득표했다.

아소 의원은 '노인이 어서 죽을 수 있게 해야 한다'는 말을 했다. 그럼에도 당내 주요 파벌인 아소파의 대장인 덕택에 공천에서 살아남는다. 강력한 후원회 등을 무기삼아 봉건시대의 영주처럼 지역에서 계속 당선돼 선수를 늘려가는 것이다. 아소는 당 총재 선거 때 자기 파벌 의원들을 동원해 아베 신조를 당 총재로 지지해주고, 그 반대급부로 부총리직을 받아 장기간 재임하고 있는 것이다. 자민당의 파벌 정치가 아소의 정치적 힘의 원천이자 생명선이다.

---

131) ・"창씨개명은 조선인의 자발적인 참여로 이루어졌다(2003년)"
・"대만의 높은 교육 수준은 일본의 식민지배 덕분이다(2006년)"
・"일본은행들이 금융위기를 피한 건, 미국인들이 생각하는 것처럼 일본의 금융이 튼튼해서가 아니라 영어를 못해서 파생상품을 구매할 수 없었기 때문이다(2013년)"
・"노인이 어서 죽을 수 있게 해야 한다(2013년)"
・고령화 사회에서 돈을 쓰지 않는 노인들을 보고 "언제까지 살아있을 셈이냐(2016년)"
・"성희롱은 죄가 아니다(2018년)"
・"몇백만 명을 죽인 히틀러는 아무리 동기가 옳았어도 안 된다(2018년)"
・"대동아전쟁이 시작되기 전(2019년)"
(대동아전쟁은 일본이 1941년 미국과 전쟁을 벌이며 내세운 명분이다. 대동아전쟁은 전쟁용어라고 하여 오랫동안 사용금지 되었다. 지금도 금기어 수준이다. 일본에서는 태평양전쟁이라고 표현한다.)

2019년 9월 아베 총리의 개각에 대한 여론조사에서 아소의 유임에 대해서는 '(긍정적으로) 평가하지 않는다'가 과반수(55%)를 넘을 정도로 아소는 전체 일본 국민에게는 비호감의[132] 정치인이다. 그러나 파벌 정치와 소선거구제를 든든한 배경으로 하고 있는 아소의 지위가 당분간 흔들리지 않을 것으로 보인다.

한국에서는 7선 이상 국회의원은 극히 드물다. 그러나 일본에선 7선 정도로는 이른바 명함도 내밀기 힘들다. 현 제48대 의회에서 중의원 10선 이상만 해도 26명[133]이다. 일본 정치에서는 지역주민들에게 봉건시대의 영주처럼 군림하고 영주처럼 떠받들어지는 아소와 같은 정치인들이 적잖고, 이들이 망언을 늘어놓아도 이에 대한 유권자의 심판 시스템이 작동하지 않고 있다. 망언에 대한 적절한 응징이 없으면, 망언은 그치질 않게 된다.

망언과 독도

독도는 대한민국 영토의 일부다. 역사적으로 독도는 한반도에 속했고, 무엇보다 중요한 것은 지금 대한민국이 독도를 평화적으

---

132) 요미우리신문, 2019.9.15.
133) 민주당 대표의원을 지낸 국민민주당의 오자와 이치로(小澤一郞) 의원이 17선, 국가공안위원을 거친 자민당의 노다 다케시(野田毅)의원이 16선이다.

로 실효지배하고 있다는 사실이다. 이것을 부정하는 대한민국의 정치인은 단 한 명도 없을 것이다.

일본에서는 민간 일부가 독도를 한국의 영토로 인정하고 있지만, 정부와 국회의원들은 예외 없이 일본 땅이라고 주장한다. 독도의 영해와 영공을 침범하는 등 한국의 실효지배권을 훼손하려는 어떠한 시도가 있다면, 한국은 이에 상응하여 단호하고 분명하게 대응하여야 한다.

일본 중의원 중에 마루야마 호다카(丸山穗高) 의원이 있다. "일본 고유 영토인 다케시마가 불법 점거됐다. 자위대가 출동해 불법 점거자들을 쫓아내는 것 외에 어떻게 되찾을 수 있겠냐"고 말했다.[134] 마루야마가 전쟁을 언급한 것은 독도가 처음이 아니다.

2019년 5월에는 러시아와 영토 분쟁 중인 쿠릴열도를 방문해 "전쟁으로 되찾자"고 발언했다. 일본 내에서도 "전쟁 경험이 없고, 그 불행을 모르는 35세 국회의원의 발언에 대해 전몰자 유족의 한 사람으로서 큰 놀라움과 분노를 금할 수 없다"는 혹독한 비판(홋카이도 네무로시 전몰자 유족회장)을 받았다.[135] 마루야마는 이 발언 등으로 극우 성향인 정당(일본 유신회)으로부터 제명을 당하기도 했다.

---

134) JTBC, 2019.9.1.
135) 마루야마 의원에 '분노를 금할 수 없다' 전몰자 추도식에서 유족대표, 아사히신문, 2019.8.15.

전쟁을 거론하는 것에 대해서는 일본 사회에서도 용납을 못하고 있다. 일본 내에서는 교전권을 부인한 현행 평화헌법 9조를 개헌하자는 목소리가 만만치 않지만, 이에 반대하는 주장이 더욱 강하다.

아사히신문이 2019년 7월 일본 참의원 선거 후 실시한 여론조사에서 '선거 결과 개헌 세력이 3분의 2 의석을 차지하지 못한 점에 대해 '잘 됐다'는 응답이 43%였으며, '그렇지 않다'는 응답은 26%인 것으로 조사됐다. 이 조사에서 아베 정권하에서의 개헌에 대해 찬성은 31%였지만, 반대는 46%로 반대가 더 많은 것으로 나타났다.[136]

한일관계가 1965년 국교 정상화 이후 최악의 길에 들어선 것의 일차적인 책임은 '일본의 제국주의적 침략과 이로 인한 동아시아인들의 극심한 고통'이라는 진실을 왜곡하는 역사수정주의의 궤도에 올라탄 아베 총리와 일본 우익 강경파들에 있다.

그러나 일본인의 절대 다수가 우익 강경파인 것은 결코 아니다. 마루야마 의원과 같은 극단적인 극우는 극소수이고, 아베 정권에 대거 포진한 극우들도 전체 일본인의 다수는 아니다. 분명 일본은 보수세가 강한 나라이다. 그러나 보수중에서는 극우보수

---

[136] 연합뉴스 2019.7.24. 반면 같은 시기 보수 성향의 요미우리신문의 여론조사에서는 '향후 개헌을 위한 논의가 활발하게 이뤄질 것을 기대한다'고 답한 응답자는 66%로 집계돼 일본 내에서도 개헌에 관한 여론이 혼재되어 있음을 보여줬다.

보다는 이웃 국가와 평화공존을 추구하는 온건보수가 더 많다고 할 수 있다.

'침략의 일본'을 숭상하는 주장들에 대해서는 국제사회와 일본 내 다수의 건전한 상식을 가진 사람들과 함께 단호하게 배격해야 한다. 또한 어린 학생들이 배우는 교과서에 독도에 대해 '한국이 불법 점거 중'이라고 표기해, 이웃 국가를 범죄 집단화하는 것에 대해서도 용납해서는 안 된다.

김대중 정부까지의 역대 한국 정부는 독도를 분쟁지역화하려는 일본의 의도를 감안하여 이런 술수에 말려들지 않겠다는 정책을 펴왔다. 이런 기조를 망치고 한일관계에 엄청난 손실을 끼친 것은 2012년 당시 이명박 대통령의 전격적인 독도 방문과 일왕이 한국에 오고 싶으면 일본의 식민지 통치로 고통받은 한국인들에게 사과부터 하라는 요구였다.

한일관계는 1998년 당시 김대중 대통령과 오부치 게이조 총리가 한 '한일 양국이 과거를 직시하되 미래지향적인 관계를 만들자'는 '한일 파트너십 공동선언'의 정신으로 돌아가야 한다.

일본의 침략인정과 진솔한 사과 및 평화공존에 대한 분명한 입장 표명의 토대 위에서 한일관계는 앞으로 나아가야 하고, 이 점에서 무라야마 담화 등을 인정하지 않으려는 아베 총리와 그 부류들은 미래지향적 한일관계를 위해 극복해야 할 '적(敵)'이라고 할 수 있다.

그러나 그 적을 극복하기 위해서는 전략적 고려와 충분한 연구 없는 감정적 대응은 자제되어야 한다. 대다수 일본인들에게 일왕은 특별한 존재이다. 상대국 국민의 보편적 정서를 외면한다면 평화공존은 설 자리가 없어진다. 2012년 당시의 아키히토 일왕은 보통의 일본인들보다도 한국에 우호적이고 이해가 깊은 편이었다. 과거사에 대해 수차례 분명한 사과를 했고, 아베 총리 등과는 달리 야스쿠니를 찾지도 않았다.

이명박 대통령식의 대응이 반복된다면 오히려 아베 총리와 같은 보수 강경파의 득세만을 불러올 수 있다. 미래지향적 한일관계를 위해 한일 양국에서 국민과 정치지도자들이 힘을 모아 그 걸림돌들을 치워 나가야 할 필요성이 어느 때보다 절실한 실정이다.

6
아베 신조, 아름다운 나라로의 개헌

빈 미술 아카데미는 역사의 물줄기를 바꾼 대학으로 오스트리아 출신의 한 청년을 3번이나 낙방시켰다. 화가의 꿈을 접게 된 그 청년은 붓 대신에 총을 잡았다.

그림으로 감동시키는 대신에 연설로서 선동했으며 아름다움을 추구했던 청년은 강하고 아름다운 나라를 그렸다. 그에게 건축은 절대 권력의 넘볼 수 없는 상징이었고, 그에게 음악은 게르만 민족의 우수성을 연주하는 BGM(배경음악)가 되었다.

그리고 '아름다운 나라'를 만들고자 2차 세계대전을 일으킨다. 그는 우리가 잘 아는 히틀러이다.

여기 100년을 시차(時差)로 '아름다운 나라'를 꿈꾸는 아베가 있다. '아름다운 나라'를 꿈꿨던 원조는 총리를 지냈던 기시 노부스케이고 아베의 외할아버지이며 대표적인 헌법 개정 주의자이다. 할아버지 '기시'의 꿈이 외손자 '아베'의 목표로 유산처럼 상속된 것이다.

기시와 아베가 합창한 '아름다운 나라'는 전쟁할 수 있는 나라이며 그러한 나라를 만들기 위해 평화 헌법을 개정하려고 한다.

헌법 개정이 큰 그림이라면 지금의 경제보복은 작은 명분 쌓기로 가상의 적을 만들어 내부를 결집시키고자 하는 것이다. 그래야 헌법 개정의 국민적 동력을 얻을 수 있기 때문이다.

흡사, 베르사유조약을 파기하면서 전쟁을 준비했던 히틀러가 오버랩 된다. 히틀러는 유태인과 집시 등 이민족을 적으로 설정함으로써 독일인을 결집시켰다. 아베가 지금의 한국에 대한 적대 환경 조성도 히틀러로부터 배웠을까?

1차 세계대전의 성격과 책임을 왜곡시킨 히틀러와 2차 세계대전에 대한 아베의 역사인식도 한 몸일 것이다.

유럽에 있으면서 유럽의 일원이기를 거부했던 히틀러의 야욕. 아시아에 있으면서 아시아를 폄하하고 무시하는 아베의 속셈. 이 또한 소름끼치는 평행이론이다.

베르사유조약이 낳은 괴물이 히틀러라면, 평화헌법 개정이 낳은 괴물이 아베가 될 공산이 커졌다. 그의 선조들을 보더라도, 그의 야욕이 절대 거기서 멈추지 않을 것이다.

이렇게 많은 유사점에도 불구하고 아베와 히틀러는 달라 보인다. 히틀러는 선동했지만, 아베는 스며들게 한다. 히틀러는 거칠었지만, 아베는 친절하다.

히틀러의 화난 '민낯'보다 아베의 미소 띤 '화장'이 더 위험해보이며 그런 면에서 아베는 히틀러보다 훨씬 윗길에 있는 듯하다. 대한민국 모두가 불침번이 되어 저들을 지켜봐야 할 것이다.

화려한 등장, 초라한 퇴장

아베 신조는 2006년 9월 26일 화려하게 총리에 등극했다. 52세, 역대 최연소이자 전후세대 첫 총리였다. 그러나 2007년 9월 26일 재임 366일 만에 단명 총리라는 불명예와 함께 초라하게 총리직에서 내려왔다.

아베 총리의 첫 출발은 순조로웠다. 집권 뒤 실시된 중의원 보궐선거와 오키나와 지사 선거에서 잇따라 완승해 정국 운영의 주도권을 잡았다. 여론 지지율도 60%를 거뜬히 넘었다.

아베 총리는 공약대로 애국심 교육을 강조하는 것을 골자로 하는 교육기본법 개정에 착수했다. 방위청을 방위성으로 승격[137]하

---

137) 1954년 7월부터 2006년 12월까지는 방위청(防衛廳)이었다. 2007년 1월 외청인 방위청에서 성(省)급 기관(한국의 부(部)에 해당)인 방위성으로 개편돼 공식 출범했다.

는 것을 추진했다. 그리고 헌법 개정에도 나서겠다는 호언[138]을 하는 등 우경화 행보를 분명히 했다.

그러나 아베 내각의 호시절은 몇 달을 가지 못했다. 2006년 12월의 여론조사에서 정권 지지율은 50% 미만으로 떨어졌다.[139] 아베 내각이 민생을 챙기기보다는 총리와 주변 강경우파들의 소신을 구현하는 정책들에 치중한다는 인식이 국민들 사이에서 점점 늘어났다. 강경 보수 행보는 이웃 국가들과의 관계를 불편하게 했다. 또 고노 담화를 부정하는 등의 퇴행적 역사인식을 드러냈다가 미국 대통령에게 사과하는 망신을 사기도 했다. 미국 하원은 일본군 위안부 문제에 대해 일본 정부의 공식적 사과를 요구하는 결의안을 채택하기도 했다.

아베 총리는 훗날 1차 총리 때의 실패원인을 이렇게 말한다. "장기집권 비결이 뭐라고 생각하느냐"라는 기자의 질문(2018년 12월)에 대한 답변이었다.

"비결은 없고 매일매일이 쌓인 것이지만, 기본적으론 12년 전 제1차 때는 어깨에 너무 힘이 들어가 1년 만에 끝났다. 그 좌절의

---

138) 아베 신조는 총리 취임 후 첫 소신표명연설에서 "스스로 되돌아보아 거리낄 게 없으면 천만 명이라도 나를 움직일 수는 없다"는 요시다 쇼인(吉田松陰)이 즐겨 쓴 맹자(孟子)의 한 구절을 인용했다. 야당 등의 반대가 있더라도 개헌을 해 나가겠다는 의지의 표명이었다.

139) 아사히신문 여론조사에서 아베 내각에 대한 지지율은 2006년 9월 67%, 10월 63%, 11월 53%, 12월 46%였다. 마이니치와 니혼게이자이의 여론조사도 같은 흐름을 보여줬다.

경험이 중요한 거름이 됐다고 생각한다"[140]

　일본 정계에서는 극히 이례적으로 의원이 된 지 13년 만에 총리가 될 정도로 초고속으로 승승장구한 것에 취해, 국민들이 원하는 것이 아니라 자신이 원하는 것을 하려 하다가 실패했다는 고백록인 셈이다. 국민들은 총리에게 잘 먹고 잘 사는 길을 물었으나, 총리는 개헌을 비롯한 거대한 정치 의제에 매몰돼 국민들과의 거리가 점점 멀어져 간 것이다.

　아베 총리의 인사 실패는 정권에 결정적 타격을 가한다. 아베가 각료로 중용한 인사들이 잇단 추문 등으로 속속 낙마한 것이다. 2006년 12월 초 정부 세제조사회장인 혼마 마사아키(本間正明)가 추문 릴레이를 시작했다. 아베가 임명한 혼마 회장이 공무원 관사에서 혼외동거한 스캔들이 터지면서 사직한 것이다.

　사타 겐이치로 행정개혁장관이 2006년 12월에 정치자금 허위 보고 문제로 자리에서 물러났다. 2007년 5월에는 현직 각료가 자살을 하는 사상 초유의 사건이 벌어졌다. 마쓰오카 도시카쓰 농림장관 역시 돈 문제와 연관됐다.[141]

---

140) 아베 집권 6년, 경제 도움된다면 지지층 반발도 무시했다, 중앙일보, 2018.12.27.
141) 제1차 아베 내각은 사퇴 도미노로 실속(2019년 1월), 지지통신, 2019.1.31.

아베 내각 각료 잇단 중도하차

시기	이름	직책	하차 이유
2006.12	사타 겐이치로 (佐田玄一郎)	행정개혁 장관	정치자금 허위보고 문제로 사퇴
2007.5	마쓰오카 도시카쓰 (松岡利勝)	농림장관	농림 관련 단체로부터 자금 수수, 정치자금 불투명한 회계처리 의혹 받자 의원회관서 자살
2007.7	규마 후미오 (久間章生)	방위장관	'미국의 히로시마 등 원폭 투하는 어쩔 수 없었다' 발언 파문 사퇴
2007.8	아카기 노리히코 (赤城徳彦)	농림장관	정치자금 허위사용 문제로 사퇴
2007.9	엔도 다케히코 (遠藤武彦)	농림장관	국고 부정 수령 의혹으로 취임 6일 만에 사퇴

마쓰오카의 자살 이후 내각 지지율은 30%대로 뚝 떨어졌다.[142] 마쓰오카 장관의 후임자, 또 그 후임자가 연이어 사퇴하는 일까지 일어났다. 아베 총리는 각료를 선택하는 안목에 큰 문제점을 드러낸 데 이어, 장관들에 관한 문제가 터졌을 때 적절한 대응이 늦다는 비판까지 받아야 했다.

인사 참사로 휘청거리는 아베 정권 입장에서는 잔인하게도 2007년 7월 참의원 선거 시기가 돌아왔다. 참의원의 총 242석 중 122석을 새로 뽑는 선거였다. 결정적인 한 방이 터졌다. 일본 정

---

142) 내각 지지율, 최저 30% 연속 여론조사, 아사히신문, 2007.6.4.

부가 5천만 건에 달하는 국민연금 납부기록을 분실한 것이 드러난 것이다. 그간 정권을 담당해 왔던 자민당에 대한 불신이 크게 높아질 수밖에 없었다.

민심이 떠난 아베 정권은 1955년 이후 처음으로 자민당 등 여당이 참의원 과반수를 놓치는 대참패를 당했다. 122석 중 집권 자민당은 37석을 얻은 반면, 야당인 민주당은 60석을 획득했다.

당연히 자민당 총재인 아베 총리가 책임을 져야 한다는 당내외의 여론이 빗발쳤다. 야당도 총리 사퇴를 요구했다. 그러나 아베는 자리를 내놓지 않고 버텼다. 2007년 8월 국면전환용 개각을 단행했으나 농림장관들이 잇따라 돈 관련 추문으로 낙마하면서 개각 효과가 전혀 없게 됐다.

내각에 대한 당시 여론 지지율은 20%대에서 헤매게 됐다. 일본 정계에서는 내각 지지율이 20%대로 하락하면 당내외의 사퇴압력이 가중돼 총리가 자리에서 오래 버티기가 힘겹게 된다. 아베의 뒤를 이은 후쿠다(福田) 내각은 20%대 진입 후 5개월, 아소(麻生) 내각은 9개월, 민주당 하토야마(鳩山) 내각은 1개월 정도 연명한 데 그쳤다.[143]

결국 9월 12일 아베 총리는 사의를 표명했다. 아베는 테러대

---

143) 마이니치신문, 2017.7.24.

책특별조치법 연장 문제와 관련, 오자와 이치로 민주당 대표에게 여야 영수회담을 제의했으나 거절당하는 등 강력하게 정권을 운영해 나가는 것이 곤란한 상황이라고 사퇴의 변을 밝혔다. 위장 장애 등으로 아베 총리의 건강이 나빠진 것도 사임의 한 이유가 됐다. 아베는 사임의사를 밝히고 바로 게이오대 병원에 입원했다.

아베의 단명 원인으론 경제 등 민생보다는 본인과 주변 인사들이 '아름다운 나라'라고 꿈꾸는 보수 우익 색채가 강한 일본을 만드는 데 집착한 것을 꼽을 수 있다. 2000년대만 하더라도 일반적인 일본 국민들의 강경 보수 우익에 대한 지지도는 낮은 편이었다. 아베는 자신의 철학과 일반 국민들 인식 간의 간격을 메우려 하기 보다는, 자신과 열렬 지지자들의 소신을 관철하는 데 더 힘을 쏟았다. 게다가 각료 등용에 있어서 제대로 된 선구안이 결여된 것이 거듭 노정되면서 아베 신조는 1년 만에 권좌에서 쓸쓸히 내려와야 했다.

권토중래 5년

2009년 8월 말 제45대 중의원 선거가 실시됐다. 아베 신조 중의원은 지역구인 야마구치현 제4선거구(시모노세키시·나가토시)에 다시 출마했다. 총리 퇴임 후 2년여 간 아베 의원은 언론의 눈에 띄는 두드러진 행보 없이 조용히 지내왔다. 아소 다로 정권의 지지율이 20% 안팎에 불과해, 자민당이 이 선거에서 패배할 가능성이 아주 높은 상황이었다.

자민당 몰락에 책임이 있는 전직 총리가 반성 대신 재출마하는 것에 대한 비판이 제기됐다. 그러나 아베는 전직 총리라는 체면을 벗어던지고 밑바닥을 훑으며 지지를 호소했다. 지역구에서 미니 집회만 약 300회를 소화했다.

본인이 5선을 하고, 부친이 10선을 해 탄탄한 조직력이 갖춰진 지역구임에도 명함 수만 장을 직접 뿌리며 발로 뛰었다. '도련님' 출신으로 편하게 당선됐던 과거의 선거 때와는 전혀 다른 모습이었다. 지역구를 비우고 자민당 후보 지원을 위한 전국투어에 나설 정도로 여유 있었던 4년 전 총선 때의 모습은 찾아볼 수가 없었다.

제45대 선거에서 자민당의 참패는 예상을 훨씬 넘는 수준이었다. 전체 480석 중 야당인 민주당은 308석(64%)을 차지했다. 제44대 선거에서 296명의 당선자를 냈던 자민당은 이 선거에서는 119명(25%)의 당선자를 내는 데 그쳤다. 1955년 자민당 창당 이래 최소 의석수를 받은 역대급 대참패였다.

자민당 내 거물들도 심판의 칼날을 피해가지 못했다. 16선의 가이후 도시키(海部俊樹) 전 총리(1989년 8월-1991년 11월 재임)는 아이치현에서 낙선했다. 당시 78세인 가이후는 49년간 의원직을 지킨 일본 최장수 의원이었다. 나카가와 쇼이치(中川昭一) 전 재무장관도[144] 홋카이도 지역구에서 고배를 마셨다. 나카가와는 "지난 26년간, 아버지 대부터 치면 46년간 지켜온 선거구에서 패배해 유권자들의 기대에 부응하지 못했다"고 고개를 숙였다.[145] 8선 의원에 관방장관과 외무장관을 지낸 마치무라 노부타카 전 외무장관, 현직 장관이었던 노다 세이코 의원도 역시 패배의 쓴맛을 봤다.

그러나 아베 신조 의원은 결국 살아남아 6선 고지에 올랐다. 그 직전 선거보다 약 10%포인트 표를 적게 받기는 했으나 지역구민으로부터 65%라는 넉넉한 지지를 받았다. 정치적 재기를 위한 최소한의 발판이 마련된 셈이었다. 또 자민당 내 거물들이 대거 낙선해, 아베 의원이 재기를 노릴 수 있는 자민당 내 공간이 열렸다.

아베 신조 의원은 총리 퇴임 이후 '훗날'을 기약하며 '노트'를 작성했다. '노트'는 그의 반성과 아이디어로 채워졌다. 총리직 실패 원인에 대한 탐구와 자신에 대한 반성, 그리고 다시 전면에 등장할 때 활용할 수 있는 정책 등의 아이디어를 적어가면서 내공을

---

144) 나카가와 전 재무장관은 아베 총리와 동년배인 1953년생으로 8선 의원이었다. 아버지도 중의원과 장관을 지낸, 도쿄대 법대 출신의 의원이었다. 낙선 후 2개월 뒤인 2009년 10월 도쿄에서 변사체로 발견됐다.
145) '거물' 줄줄이 낙선… '고이즈미의 미녀자객들' 고페, 경향신문, 2009.8.31.

쌓아갈 수 있었다.

훗날 다시 총리가 된 아베는 1차 집권 때에는 자신과 가까운 사람만 기용했다는 비판을 인정하고 인사원칙으로 "저와 완전히 의견이 일치하는 사람뿐만 아니라 넓은 견지에서 능력을 중시하겠다. 다양한 인사들이 아베 내각에 참여하게 될 것"이라고 밝혔다.[146] 권토중래 시기, 절치부심의 심정으로 노트를 써가며 얻은 교훈을 실천에 옮기겠다는 의지 표명이었다.

5년 3개월 만의 컴백

아베 신조가 2007년 9월 사임한 이후, 후임 총리 5명 모두 1년 6개월을 버티지 못하고 단명 총리로 끝났다. 이 과정에서 자민당 내 경쟁자들과 민주당 내 유력 정치인들이 너나없이 정치적 상처를 입고 일선에서 퇴장했다. 아베 신조 개인에게는 정치적 행운으로, 다시 권좌에 복귀할 수 있는 길이 열린 셈이었다. 후임 5명 중 한 명이라도 장기 총리가 되었다면, 아베에게 총리직 컴백의 기회는 없었을 가능성이 높다.

---

146) 다케나카 하루카타(竹中治堅) 정책연구대학원 대학 교수, 총리의 인사권과 파벌: 아베 정권 탄생의 의의와 과제 제2회, 야후뉴스, 2013.1.10.

아베 신조 의원이 총리가 된 것은 그해 9월 실시된 자민당 총재 선거에서 극적으로 이겼기 때문이다. 2011년의 동일본대지진과 원전사고 등을 거치면서 집권 민주당에 대한 민심이반은 심각했다. 차기 선거에서 자민당의 승리는 거의 확정적이었다. 어느 정도 차이로 이기느냐, 즉 단독 과반수를 하느냐 등이 관전 포인트가 됐다.

낙승이 유력한 상황에서 치러지는 야당 총재 선거. 이 선거는 바로 사실상 차기 총리를 뽑는 선거였다. 세력이 좀 있는 자민당 중진들은 너나없이 선거전에 뛰어들었다. 전직 총리 아베 신조도 그중 한 명이었다.

다니가키 사다카즈(谷垣禎一)[147] 당 총재도 재선에 나섰다. 선거전 초기 가장 유력한 후보였다. 그러나 다니가키는 현직 총재임에도 소속 파벌로부터 전폭적인 지지를 받는 데 실패했다. 당 운영 과정에서 원로와 파벌 실세를 제대로 배려하지 않았다는 데 대한 불만이 그 원인이라는 보도가[148] 나왔다. 다니가키는 결국 후보등록조차 하지 못했다.

총재 경선에 최종적으로 후보등록을 한 주자만 5명이었다. 아

---

147) 1945년생으로 교토 출신이다. 재무장관, 국토교통부 장관을 지냈다. 아버지가 문부장관을 지냈고 아버지 지역구에서 출마한 대물림의원이다. 2012년 자민당 총재 당시 9선 의원이었다. 한일의원연맹 일본 측 간사를 맡는 등 대외정책에 있어 온건파로 분류됐다. 11선 의원을 끝으로 은퇴했다.
148) 니혼게이자이신문, 2012.9.10.

베 신조 의원은 2012년 8월 중순까지만 해도 차기 선거의 유력주자가 결코 아니었다. 아베는 마치무라(町村)파였지만 파벌 대표인 마치무라 노부타카(町村信孝)가 별도 출마해 같은 파벌 표도 온전히 챙길 수 없는 형편이었다. 그런데 총재 선거 흐름이 '우향 우경쟁'으로 치달았다. 그 원인을 제공해 준 것은 이명박 당시 대통령의 독도 방문과 대만·홍콩 국수주의자들의 센카쿠열도 무단 침입이었다.

'오른쪽'에는 자신 있는 게 아베였다. 아베는 '강한 일본'을 또 주장하며 개헌, 집단적 자위권 강조, 과거사 반성 부인 발언 등 강경우파 행보를 잇달아 내질렀다. 선거 전 초반의 유력 주자는 당 2인자로 후보 중 가장 젊은 이시하라 노부테루(石原伸晃)[149] 간사장이었다. 그러나 선거 기류는 온건파로 평가되는 이시하라 후보조차 집단적 자위권을 언급하지 않을 수 없을 만큼 오른쪽 바람은 매서웠다.

아베 후보는 자민당 내 보수층 사이에서, 이시바 시게루(石破茂) 후보는 지방 당원들의 지지가 두터웠다. 이시하라 후보는 당 원로들의 지지를 받았다. 하야시 요시마사(林芳正) 후보와 마치무라

---

149) 1957년생으로 가나가와 출신이다. 2012년 총재 선거 당시 7선이었다. 2019년 현재 10선 의원이다. 행정개혁장관, 국토교통장관을 지냈다. 위안부 관련 망언으로 악명을 날린 이시하라 신타로 전 도쿄도지사의 아들이다. 그러나 이시하라도 아베 신조와 마찬가지로 아버지와는 정치적 입장이 달랐다. 당시 후보 5명 중 대외정책에 있어 아베가 가장 강경이라면, 이시하라는 가장 온건한 인물로 평가됐다.

후보는 소속 파벌의 후원을 등에 업었다.[150]

자민당 총재 선거에서 40년 만에 처음으로 결선투표가 치러졌다. 아베와 이시바 전 정조회장이 결승전 주자였다. 이시바는 전국의 일반 당원들 사이에서 지지세가 높아 1위로 결선투표에 올랐다. 그러나 소속 국회의원들만의 표결로 실시된 결선투표의 승자는 아베 전 총리였다.

아베가 역전승을 거둔 원인은 우경화 바람이었다. 한 달여 전에 있었던 이명박 대통령의 전격적인 독도 방문과 일왕에 대한 사죄요구가 결과론적으로는 아베 신조의 승리에 크게 기여했다. 그런 일이 없었다면 당시 당 주류도 아니었고 일반 당원들 사이에서 인기가 높지 않았던 아베는 선출되지 않았을 가능성이 크다.

총재 당선 직후 가진 기자회견에서 아베는 "일본의 영토와 영해가 위협받고 있다"며 "강한 일본을 되찾겠다"고 주장했다.[151] 영토와 영해에 대한 관심 고조가 승리 비결이었음을 아베 스스로도 잘 알고 있었던 것으로 보인다.

---

150) '돌과 돌의 대결'축으로 5인의 싸움 자민당 총재 선거 14일 고시, 니혼케이자신문, 2012.9.13.
151) 아베 신조 새 총재 기자회견(2012.9.26), 자민당 홈페이지 참조.

장기집권 성공의 요인들

단명 총리였던 아베 신조가 재집권 후 역대 최장수 총리가 된 요인으로는 인사, 경제, 그리고 정치적 행운을 꼽을 수 있다.

달라진 인사

2006년 첫 번째 총리 시절 아베는 '친구 내각'을 꾸렸다는 비판을 받았다. 자신과 가깝고 편한 인물들을 당과 내각의 중요 자리에 포진시켰기 때문이다. 그러나 2012년 다시 총재와 총리가 된 아베는 전혀 달랐다. 자신이 집권하면서 비주류가 된 옛 주류들을 '찬밥' 취급하지 않았다.

유력한 경쟁자에게도 예상 밖의 자리를 기꺼이 내줬다. 당의 2인자로 당 조직 등을 관장할 수 있는 간사장 자리에 총재 결선투표에서 겨뤘던 이시바 의원을 기용했다. 아베보다 세 살 어린 이시바는 '다음'을 노릴 수 있는 주자였다. 게다가 당원 투표에서 아베를 누를 정도로, 밑바닥 지지세와 조직력은 이미 정평이 나 있었다. 그럼에도 아베 총재는 이시바에게 간사장을 맡긴 것이다.[152]

---

[152] 2018년 9월 자민당 총재 선거에서 이시바는 아베에 맞서 또 출마한다. 그러나 아베는 68% 지지율을 받아 큰 표 차이로 이시바를 꺾고 총재 3연임을 이뤘다. 2015년 9월 총재 임기만료 때에는 무투표로 아베가 총재 연임에 성공했다.

라이벌들을 간사장에 중용함으로써 자민당의 내부 분열을 막
겠다는 아베의 의지는 그 뒤로도 계속 실현됐다. 이시바에 이어
리버럴리스트로서 아베의 신념과는 맞지 않았던 다니가키 사다
카즈, 노련한 파벌 정치가로 반(反)아베로 돌아설 수 있었던 니카
이 도시히로(二階俊博)를[153] 간사장 자리에 잇따라 기용했다.[154]

내각에서도 비주류 기용은 이어졌다. 2012년 총재 선거에서 맞
붙었던 이시하라 노부테루 전 간사장은 환경장관, 다니가키 전
총재는 법무장관으로 '대접'했다. 또한 아소파의 협력을 이끌어내
기 위해 전직 총리이자 당 유력자 중 한 명인 아소 다로에게 7년
째 부총리 자리를 내주고 있다. 2019년 9월 개각에서는 차기 주
자 중 여론조사 1위를 달리는 고이즈미 신지로를 환경장관으로
발탁했다. 고이즈미 장관은 당 총재 선거에서 연거푸 아베 대신
이시바를 선택한 전력이 있음에도 입각에 성공했다.

아베 총리는 당과 내각의 눈에 확 띄는 주요 자리는 당의 단합
을 위하고 국민들에게 권력을 분점한다는 인상을 주도록 화합형
의 인사를 한 반면, '총리 관저(官邸)'는 철저하게 능력위주로 전문
가들을 중용해 정권 수호와 국정 과제 관리를 맡겼다. 모리 이사

---

153) 1939년생으로 와카야마(和歌山)현 출신의 12선 의원이다. 경제산업장관, 중의원 건설
위원장 등을 지냈다. 2019년 9월 "한국도 노력할 필요가 있지만 우선 일본이 손을 내밀
어 양보할 수 있는 것은 양보해야 한다"고 말한 바 있다. 중의원내에서 대표적인 지한파
로 꼽힌다.

154) 진창수, 중앙일보, 2019.9.25.

오(森功)가 쓴 『관저 관료(官邸官僚)』라는 책에 있는 내용은 이렇다.

"단명으로 끝난 제1차 정권과의 가장 큰 차이점은 아베 총리를 둘러싼 진용입니다. 발군의 안정감을 갖는 것으로 생각되는 스가 관방장관의 존재도 크겠지만, 정권을 떠받치는 기둥이 되는 것이 '관저 관료'입니다. 이들은 경제산업성 출신으로 '총리의 분신'이라는 별명을 가진 이마이 나오야 총리 비서관, 스가 장관이 절대적 신뢰를 두고 있는 국토교통성 출신의 이즈미 히로히토 총리 보좌관, 경찰청 출신으로 내각 인사 국장을 지낸 스기타 가즈히로 관방부장관과 북한 문제 등을 담당하는 기타무라 시게루 내각 정보관 등입니다. 종래에 관저에서 일하는 관료들은 출신 관청의 의향을 중시하는 경향이 있었는데, 아베 관저의 그들은 친정보다 총리의 의향을 최우선으로 생각하고 정권을 지키는 데 모든 정력을 쏟고 있습니다."[155]

선거에 도움이 된 아베노믹스

아베노믹스로 대표되는 경제는 아베가 전임 5명의 총리와 달리 '마의 1년'을 무난히 넘기는 데 큰 도움을 줬다. 아베는 취임 초만 해도 '경제에는 약한 이념형 총리'라는 평가가 지배적이었다.

---

155) 모리 이사오(森功) 지음, 『관저 관료- 아베 일강(一强)을 지원한 측근 정치의 죄』, 문예춘추, 2019.

그러나 아베는 권토중래 시절 경제활성화를 통한 민생안정 없이는 정권의 지속이 어렵다는 것을 절감하고 경제공부에 열성을 쏟았다.

아베 총리는 취임과 동시에 강력한 경기부양 정책을 잇달아 내놓았다. 미래 경제에 대한 기대감이 일면서 주가가 급등하는 등 훈풍이 돌자, 취임 100일 지난 2013년 4월에는 지지율이 70% 안팎으로 치솟았다.

2013년 7월에는 참의원 선거가 있었다. 2013년 상반기 아베가 지지율 상승을 이끌어내지 못했다면 참의원 선거 결과가 나빴을 것이고, 그렇게 되면 당장 자민당 내부에서부터 총리퇴진론이 불거져, 1차 총리 때의 아베 자신을 포함한 6명의 전임자들과 같이 1년 안팎의 단명 총리로 마감했을 수 있다.

그러나 아베는 비주류들을 대거 등용한 화합형 인사로 당내 반발을 잠재워 놓고 경제를 우선하는 총리 이미지를 국민들에게 선보이면서 7월의 참의원 선거에서 대승을 이끌어냈다. 자민당은 의석수를 31석 늘렸고 야당인 민주당 의석수는 그만큼 줄었다. 아베로서는 '마의 1년'을 넘긴 것이다.

아베는 2014년 11월 임기를 딱 절반 채운 중의원을 해산한다. 야당의 지리멸렬을 틈타 아베노믹스에 대한 평가를 묻겠다며 총선거를 실시했다. 자민당과 연립여당 공명당은 이 선거에서 326석을 얻었다. 직전 총선거와 비슷한 의석수를 확보했다. 압승은 아니지만 중의원(475석)의 3분의 2를 차지, 승리라고 주장해도 무방한 결과였다. 이 선거에 대해 "장기집권을 위해 선거의 시기를 이용했다. 아베노믹스에 대한 부정적인 평가가 나오기 전에 국회를 해산한 것이, 선거 공학적인 측면에서 승리의 한 요인으로 거론되고 있다. 만약 총선거의 시기가 늦추어졌다면 자민당 등 연립여당이 이처럼 승리할 수 있을지 장담할 수 없었다"는 평가가 일본 안팎에서 나왔다.[156]

어쨌든 아베는 아베노믹스를 간판삼아 참의원 선거에서 이겼다. 또 아베노믹스에 대한 환호가 미처 시들기 전에 중의원 선거를 일찌감치 치르는 정치적 모험을 감행했다. 이것이 성공함으로써 롱런의 기틀을 마련할 수 있었던 셈이다. '도련님 아베'가 아닌 '노련한 정치인 아베'였기에 쓸 수 있는 승부수였다.

아베 도우미 북한

정치적 행운도 아베 장기집권에는 결정적 도움을 줬다. 여러 해를 집권하는 정권이라면 부침이 있을 수밖에 없다. 언제까지나 지지율이 고공행진을 하지는 않는다. 악재가 터지면서 높았던 지지율이 많이 떨어졌을 때 그대로 주저앉느냐, 아니면 어떤 계기

---

156) 아베 압승 이후 한일관계, 세계일보, 2014.12.16.

를 타고 회복할 수 있느냐는 그 정권의 명운을 결정한다. 스스로 계기를 만들었다면 정권 지도자의 능력이고, 그 계기가 주어졌다면 이는 행운이다. 2017년 아베의 정치적 행운은 북한에서 날아왔다.

2017년 8월 29일과 9월 15일, 북한이 쏜 탄도미사일이 일본 북부 상공을 지나 홋카이도(北海道) 동쪽 태평양에 떨어졌다. 홋카이도에는 대피령이 떨어지기도 했다. 아베 총리는 북풍(北風)을 적극 활용하고 나섰다. 10월 초 중의원을 해산했다. 총선거 실시를 단행한 것이다. 야당은 분열되어 있고 안보정국을 강조하면 해볼 만한 선거라고 자민당 지도부는 판단했다.

자민당의 노림수는 적중했다. 제48대 중의원 선거에서 연립여당은 의석수를 거의 잃지 않고 전체 의석의 3분의 2선을 지켜냈다. 몇 달 전 20%대 지지율에 허덕이던 정권이 기사회생한 것이다. 아소 다로(麻生太郞) 부총리는 선거 직후 자민당 의원 모임 자리에서 "북한 덕분에 총선에서 대승을 거뒀다"고 말했다.[157] 자민당은 선거 과정에서 북한 도발에 따른 안보 불안을 강조했다. 또 "북한에 비상사태가 발생하면 일본에 난민 수십만 명 오는 것을 각오해야 한다. 이들은 불법 난민이며 무기를 휴대하고 있을지도

---

157) 마이니치신문, 2017.10.26.

모른다"는 등 공공연히 불안감을 부추겼다.

아베 총리도 삿포로 연설에서 북한 핵·미사일 개발을 거론하면서 '위협에 굴해서는 안 된다'고 강조하는 등 대중연설의 주요 포인트를 북풍에 뒀다. 자민당에 대한 지지율은 별로인데, 선거 판세는 여당 승리로 갔다는 것이 일본 언론의 분석이었다.[158] 자민당과 아베 정권이 마땅치 않지만 분열된 야당은 신뢰가 가지 않고 안보 위협에 대한 불안감 등으로 여당에 표를 주는 국민들이 많았다는 것이다.

아베는 총선 승리로 사학 스캔들과 지지율 하락세에서 벗어났다. 그 탄력으로 자민당 규정을 바꿔 2018년에는 총재 3연임에 성공하며 최장수 총리에까지 이르게 된 것이다. '북한의 일본인 납치' 문제는 아베를 스타 정치인으로 키워줬고, 북한의 미사일은 부패 스캔들로 수렁에 빠진 아베 총리를 건져줬다.

한국과의 갈등 유발, 단기적으론 정권에 도움

2019년 7월부터 한국과 일본 간의 대립이 더욱 격화되면서 아

---

158) 마이니치신문, 2017.10.24.

베 총리는 지지율 상승이라는 정치적 이익을 얻고 있다. 니혼게이자이신문이 9월 초 발표한 여론조사에서 아베 정권에 대한 지지율은 58%로 7월보다 6%포인트 올랐다. 지지하지 않는 비율은 5%포인트 떨어진 33%였다.[159]

요미우리신문의 여론조사도 거의 유사하다. 요미우리의 8월 말 조사에서 응답자의 58%는 아베 내각을 '지지한다'고 답했다. 7월 조사보다 5%포인트 상승했다. '지지하지 않는다'는 응답은 30%로 전월보다 6%포인트 하락했다.[160] 7월에 실시된 수출규제 강화 등 일본의 경제보복조치에 대한 지지도도 역시 동반상승했다. 한국 정부의 군사정보보호협정(GSOMIA) 종료 결정과 맞물리면서 일본 국민들의 한국에 대한 태도가 점차 강경해지고 있는 것으로 조사되고 있다.[161]

일본의 부당한 경제보복조치에 쉽게 굴복할 만큼 한국은 약한 나라가 아니다. 또한 한국과의 관계가 불편해진다고 해서 당장 상당한 타격을 입을 만큼 일본 경제가 작은 것도 역시 아니다. 한

---

159) 니혼게이자이신문, 2019.9.1.
160) 요미우리신문, 2019.8.25.
161) 위성락 전 한반도평화본부장은 언론기고(중앙일보, 2019.9.20)에서 "일본에서는 징용 판결을 계기로 한국에 대한 인식이 극적으로 변했다. 이제 많은 일본인은 한국이 우호국이 아니라고 생각한다. 이것은 전혀 새로운 현상이었다"고 주장했다. 기미야 타다시 도쿄대 교수도 언론인터뷰(경향신문, 2019. 10.1)에서 "한국에선 역사가 있으니 일본에 좋은 감정을 갖기 어렵지만 한국에 대한 일본인들의 감정은 근래 갑자기 나빠졌다. 이는 우경화와는 다르다. '약속을 지키지 않는 나라와 어떻게 사이좋게 지낼 수 있느냐'는 것이다. 한국 정부와 사회는 일본의 이런 변화에 너무 둔감하다"고 주장했다.

국은 세계 12위권 안팎의, 일본은 세계 3위의 경제대국이다. 두 나라 모두 세계 수출순위 7위 안에 드는 무역대국이다.

그러나 경제보복조치가 계속 이어지고 양국 국민 간 감정이 갈수록 악화된다면, 궁극적으로 한일 두 나라가 다 큰 손해를 볼 것이라는 점은 한일관계에 밝은 거의 모든 전문가가 동의하고 있다.[162] '누가 더 손해냐'는 물음이 있다면 그 답은 상이할 수 있다. 다만 한국과 일본의 경제격차가 많이 줄었지만, 2019년 현재 일본은 한국보다 3배의 경제규모를 가지고 있고, 과학분야에서 노벨상을 20명 넘게 수상할 정도로 기초과학과 원천기술에서 꽤 앞서 있는 것만은 객관적 사실이다.

자유무역으로 전 세계에서 가장 큰 이득을 본 일본이 자유무역을 훼손하는 행태를 저지른 것에 대해서는 큰 비난을 받아야 마땅하다. 국제정치에서 이런 비난이 제기되면서 일본에 대한 인식은 나빠지겠지만, 한국의 정치적 승리로 귀결될 가능성은 낮다. 국제정치 무대에서 절대적 발언권을 행사하는 미국은 한국 편이 아니다. 미국 대통령이 트럼프가 아니라면 일본 편도 아닐지 모른다. 그러나 역사의식이 없는 트럼프는 친(親)아베 행보를 노골

---

[162] 일례로 이종화 고려대 경제학과 교수는 언론기고(중앙일보, 2019.9.19)에서 "한국과 일본은 산업구조의 연관성이 높다. 양국 간 무역, 투자로 상호 이익을 보는 관계다. 한국은 일본의 제4위 수출시장이고 일본은 한국의 제5위 수출시장이다. 중요한 무역 파트너가 상대방에게 손해를 더 많이 입히겠다고 싸우는 형국이다. 국제 분업구조에서 한국과 일본은 매우 중요한 역할을 하고 있다"고 말한다.

적으로 하고 있다.

아베 총리도 한일관계의 악화가 장기간 지속되는 것이 일본에 도움이 되지 않고 중장기적으로는 자신의 정권에도 부담이 될 수 있다는 점을 인식하고 있는 것으로 보인다. 그러나 아베는 북한에 대한 태도와는 달리 한국에 대해서는 여전히 고자세이다.

아베 총리는 2019년 10월 8일 참의원에서 "한국 측이 한일관계를 복원할 계기를 만들어야 한다"고 주장했다.[163] 한국이 먼저 손을 내밀라고 한국에 공을 넘겼다. 한일관계 악화로 인한 정치적 과실을 당분간 조금 더 챙기겠다는 의도로 읽힌다. 이와 달리 아베는 북한에 대해서는 김정은 위원장과 조건 없는 회담을 추진하고 싶다는 의향을 거듭 밝혔다.

아베 총리는 이 자리에서도 "국제법에 따라 국가와 국가 간의 약속을 준수할 것을 요구하고 싶다"고 말했다. 2018년 10월 한국 대법원의 징용 배상 판결이 나온 이후, 아베를 비롯한 일본 정부 당국자들은 '국가 간 약속 준수'를 앵무새처럼 수십, 수백 번 되풀이하고 있다.

'국가 간 약속 준수' 논리가 일본 국내는 물론, 국제정치 세계에서 잘 먹힌다고 보기 때문이다. 일본이 일제치하 징용의 강제성

---

163) 日 아베 "한일관계 복원 계기, 한국이 만들어야", 연합뉴스, 2019.10.8.

과 비인도성은 애써 외면하고 '국가 간 약속'을 전가의 보도처럼 휘두르며 큰소리를 칠 수 있는 근거는 1965년에 체결된 한일청구권협정에서 나왔다.

한일 간에 국교수립을 위한 청구권협상을 하면서 강제징용 문제가 다뤄졌음은 역사적으로 부인할 수 없는 사실이다. 한일 양국은 '한국의 일본에 대한, 일본의 한국 내 재산에 대한 국가나 개인 청구권이 완전히 최종적으로 해결된 것'으로 합의했다. 노무현 정부 때인 2005년 청구권협정 등을 다룬 민관 공동위원회는 '일본의 무상차관 3억 달러에는 개인 재산권, 한국 정부가 국가로서 갖는 청구권, 강제동원 피해보상 문제 해결 성격의 자금이 포괄적으로 반영됐으며, 일본에서 수령한 무상자금 중 상당 금액을 강제동원 피해자 구제에 사용할 도의적 책임이 있다'고 발표했다.[164]

1965년 청구권협정을 맺은 박정희 정부는 무상 3억 달러 중 10%만 개인 피해자들에게 배상금으로 지급하고, 나머지는 국가가 주도적으로 경제개발을 위한 자금으로 집행했다. 강제징용과 달리 일본군 위안부, 사할린 동포 등은 청구권협정 대상에 포함되지 않았다. 1965년 당시 일본 정부는 일본군이 관여한 위안부

---

164) 정부, 강제동원 700억 보상…징용 언급도 없었다, 중앙일보, 2019.8.15..

의 존재 자체를 인정하지 않아, 애초부터 협상 논의대상에 들어 있지 않은 것이다.

1965년 청구권협정은 그 후 한일관계의 기본 토대가 됐다. 청구권협상이 굴욕적, 저자세라는 비판이 체결 당시부터 강하게 제기됐다. 박정희, 김종필 등 협상의 주역들도 이 협정이 식민지배에 대한 과거청산과 재일교포 처우 문제, 약탈된 문화재 반환 등 여러 면에서 불완전하다는 점을 체결 당시부터 인정하고 있다. 다만 협상주역들은 '협상은 상대가 있는 것이고 경제개발을 위한 마중물 성격의 자금이[165] 필요하고 일본과의 국교수립은 피할 수 없는 현실'이라는 측면에서 국민적 반대를 무릅쓰고 협정 체결을 강행했다.[166]

역대 한국 정부는 '1965년 체제'를 인정해 왔다. 김대중 정부는 65년 체제를 넘어 미래지향적 한일관계 정립을 추진하면서 역대 최상의 한일관계를 만들어냈다. 노무현 정부는 청구권협정을 인

---

165) 일본으로부터 받은 5억 달러 중 무상은 3억 달러이다. 3억 달러는, 1965년 당시 일본의 외환보유액 21억 달러의 7분의1 수준, 당시 한국 정부 1년 예산의 1.6배 수준이다. 국교수립 협상에서 일제의 잔혹한 통치에 대한 분명한 사과를 받지 못한 잘못을 지적하는 것은 분명 타당하다. 또한 당시 한국 GDP가 일본의 29분의 1이었음을 고려할 때, 5억 달러가 한국에는 아주 큰 돈이었다는 주장도 역시 타당하다.
166) 이원덕 국민대 교수는 신동아(2019.9) 인터뷰에서 "1965년 합의를 깎아내리기만 하는 것은 1950~60년대 한국 경제나 동북아 국제관계에 대한 현실적 인식이 결여돼서다. 지금도 역사 문제와 관련해 일본과 협상하면 합의를 만들어내기 어렵다. 54년 전엔 오죽했겠나. 힘의 관계나 국제 여건에서 당시 중요한 것은 일본과 경제협력을 통해 한국 경제를 일으켜 세우는 것이었다. 남북 체제 경쟁에서 우위에 서려면 미국 일본과 안보 및 경제협력을 해야 했다. 한일협정 체결은 현실적 선택이었다"고 말했다.

정하는 토대 위에서, 1965년 당시의 권위주의 정부가 강제동원 피해자 개인들에게 제대로 보상하지 않았다고 보고, 2006년 7000억 원의 예산을 들여 피해자 유족 등에게 보상금을 지급했다.

아베 정권이 문제 삼는 것은 징용 판결과 그 판결에 대한 한국 정부의 대응이다. 아베 내각은 상대적으로 위안부 문제에 대해서는 거의 언급을 하지 않는다. 1965년 협정 때 '위안부'는 포함되지 않았다. 따라서 위안부 문제에 대한 일본의 책임을 새롭게 주장하는 것은 청구권협정 위반이라고 일본이 주장할 근거는 없다.[167] 위안부 문제는 인류가 추구해 온 보편적 가치와 정면으로 배치되는 중대한 범죄로, 일본 정부는 종전 후 오랜 기간 정부 차원의 관여라는 범죄행위를 은폐해 온 것만으로도 피해자 등에게 큰 잘못을 저질렀다. 징용 문제와 달리, 위안부에 관해서는 국제사회도 일본 편이 아니다.

일본은 아시아를 침략했던 불행한 역사를 만든 근본적 책임에서 벗어날 수 없다. 이웃 국가와의 평화공존을 파괴하려는 일본 극우 보수세력들은 도태되어야 한다. 오늘날 대다수 일본인들은 이런 불행한 역사가 반복되지 않아야 한다고 생각하고 있다. 이

---

[167] 위안부 문제는 아베 총리로서는 아픈 부분이다. 위안부의 강제성을 부정했다가 1차 총리 시절인 2007년 국제적으로 망신을 당했다. 2015년 일본 강경우익들의 반대를 무릅쓰고 한국과 위안부 문제에 대한 타협을 선택했다. 아베 총리가 가진 그릇된 역사인식이 미국 오바마 행정부에는 통하지 않았다. 합의가 파기되면서 아베는 일본 우익한테 조롱을 받았다.

러한 대다수 일본인들과의 협력과 교류를 바탕으로 한일관계를 미래지향적 상호 이익의 관계로 만들어 가야 한다. 양국의 후손들을 위해서라도 이 갈등과 반목의 역사에 종언을 구해야 한다.

갈등과 불행한 역사를 다음 세대까지 업보로 더 이상 대물림해서는 안 된다. 아베 내각은 불행한 역사를 다시 되풀이하지 않기 위해서 먼저 진심 어린 사과와 반성을 하고 무너진 한일관계를 복원해야 한다. 과거를 결코 잊어서는 안 되고, 그 과거를 그리워하고 되돌리려는 세력들에 대해서는 철저한 경계와 대비가 필요하다. 한일 양국의 눈과 발은 미래를 보고 내일을 향해 함께해야 한다.

7
아베의 불확실한 날개, 개헌과 아베노믹스

아베 신조 정권의 '내일'은 어떻게 될 것인가. 아베 총리는 2019년 11월 20일 기준으로 2,887일(약 7년 11개월)째 집권했다. 가쓰라 다로(桂太郎)의 재임기간인 2,886일을 넘어섰다. 일본 사상 최장수 총리가 됐다. 이날부터 아베는 매일 일본 헌정사의 집권 기록을 갱신하고 있는 것이다. 아베를 총리로 선출한 제48대 중의원의 임기는 2021년 10월에 끝난다.

아베 신조가 2021년 9월까지 현 체제를 그대로 유지하며 총재와 총리 자리에 있을 수도 있다. 그러나 그럴 가능성은 거의 없다는 것이 지배적인 시각이다. 태평양전쟁 후 일본에서는 제22대 중의원부터 2017년 선거를 치른 현 제48대까지 27차례 중의원이 새로 구성됐다. 중의원 임기는 4년이다. 27번 중 임기만료에 따라 의원 선거를 치른 것은 1976년의 제34대 중의원,[168] 단 한 차례에 불과하다.

나머지 26번은 중의원을 중도에 해산하고, 총선거를 실시했다. 아베 총리도 전례에 따라 어느 시점에서 중의원을 해산하고 선거에 들어갈 가능성이 아주 크다. 같은 의원 내각제이지만 영국, 독일과 달리 일본은 의회 스스로의 결정에 따라 의회를 해산할 수 없다.

일본에서 중의원 해산권은 사실상 총리에게 전속되어 있다.[169] 따라서 현직 총리가 자신이나 소속 당의 정치적 이득을 극대화할 수 있는 시기를 택해 중의원을 해산한다. 계속되는 낮은 지지율에 허덕이던 총리와 집권당이 난국 타개의 마지막 방법으로 어쩔 수 없이 중의원을 해산하는 경우도 잦았다.

2019년 10월 아베 내각의 지지율은 50%를 상회하고 있다. 일본 정부의 경제보복조치와 한국 정부의 군사정보보호협정

---

168) 이 선거에서 집권 자민당은 총 의석 511석 중 249석을 얻었다. 제1당 지위는 유지했으나 원내 과반이 무너지는 패배를 당했다. 1976년 정계 실력자인 다나카 가쿠에이(田中角榮) 전 총리가 미국 군수업체 록히드사에서 뇌물을 받은 혐의로 구속되는 록히드 스캔들이 터져, 자민당은 큰 타격을 받았다. 일본 정계에서는 드문 흙수저 출신의 다나카는 비리 스캔들로 구속됐으면서도, 제1의 파벌인 다나카파를 유지하며 후임 총리 선출에도 지대한 영향력을 행사했다.

169) 중의원 해산에는 내각 대신(장관)들의 서명과 일왕의 추인이 필요하다. 2005년 고이즈미 당시 총리는 시마무라 요시노부(島村宜伸) 농림장관이 해산 서명을 거부하자, 즉석에서 장관을 해임하고 본인이 농림장관직을 겸직했다. 각료의 반대가 성사될 수 없고 일왕의 추인은 형식적이므로, 중의원 해산여부는 총리의 판단 몫이다. 시마무라는 '과거 전쟁에 대해 사과할 필요가 없다', '위안부는 자발적 매춘'이라는 발언 등의 망언을 한 바 있다.

(GSOMIA) 종료 결정 등 한일관계의 악화가 아베 내각에는 지지율 상승세로 이어지고 있는 것이다. 2019년 8월 말 요미우리신문 조사에서 아베 내각 지지율은 58%로, 7월 조사 때보다 5%포인트 올랐다.[170]

따라서 높은 여론 지지도와 잇단 선거 승리로 정국의 주도권을 쥐고 있는 아베 내각의 중의원 해산은 지지도 하락에 따른 고육지책이라기보다는 총리와 자민당이 더 큰 정치적 과실을 얻기 위한 발판으로 활용될 가능성이 더 커 보인다. 아베 총리와 강경 우파 성향이 다분한 아베 내각이 노리는 최고의 정치적 성과물은 바로 헌법 개정을 달성하는 것이다.

아베와 일본 보수파의 오랜 염원인 개헌

아베 신조 총리는 기회가 있을 때마다 개헌에 대한 강한 열망을 피력해 왔다. 아베는 2018년 1월 1일 발표한 신년사에서 "올해(2018년)가 메이지유신 150주년이다. 새로운 국가를 만들기 위한 개혁을 국민과 함께 손잡고 강력하게 추진하겠다"고 밝혔다.

---

[170] 요미우리신문, 2019.8.25.

2019년 5월 헌법기념일(3일)에도 아베는 "2020년에 신(新) 헌법을 실현하겠다. 헌법에 자위대를 명기해 위헌 논란에 종지부를 찍겠다. 내가 선두에 서서 책임을 제대로 다하겠다"고 주장했다.

2019년 7월의 참의원 선거에서 승리하고 난 다음 달 야마구치에 있는 부친과 외조부 묘소[171]를 참배한 자리에서 아베는 "레이와(令和) 시대 개막과 함께 국정 선거(국회의원 선거)에서 승리를 거뒀다. 국민이 맡긴 책임에 강력히 부응해 나가야 한다는 생각을 새롭게 했다. 국회에서 헌법 논의를 드디어 본격적으로 추진해 나가야 할 때를 맞이했다고 (묘소에) 보고했다"고 밝혔다.[172]

아베의 개헌 주장은 뿌리가 깊다. 아베는 2004년 4월 자민당 간사장 자격으로 미국을 방문, 보수계 싱크탱크인 미기업연구소(AEI) 연설에서 "현재의 헌법 제9조는 시대에 맞지 않다. 현 헌법으로는 국가의 안전을 지켜낼 수 없다. 개헌을 통해 국가의 틀을 다시 짜야 한다"고 주장하기도 했다.[173] 2006년 아베가 처음으로 총리가 됐을 때의 핵심 공약도 개헌이었다.

일본은 보수의 전통이 무척 강한 나라다. 보수파라고 다 개헌

---

171) 아베 총리의 부친인 아베 신타로와 달리 외조부인 기시 노부스케 전 총리는 개헌론자였다. 기시는 1955년 자민당 창당 과정에서부터 '평화헌법'을 개정해 '자주헌법'을 만들어야 한다고 주장한 바 있다.
172) 아베 신조, 아버지의 묘 앞에서 개헌다짐 "헌법 논의를 진행할 시기", 아사히신문, 2019.8.13.
173) 경향신문, 2004.5.3.

에 찬성하는 것은 결코 아니다. 아베와 같이 개헌에 적극적인 보수가 있는가 하면, 현 헌법체제를 그대로 유지하자는 보수파도 많다. 개헌에 관한 한 일본 보수는 양 갈래의 흐름이다. 그 연원은 1950년대까지 거슬러 올라간다.

1950년대 일본 정치사를 대표하는 셋은 요시다 시게루(吉田茂), 하토야마 이치로(鳩山一郎), 그리고 기시 노부스케(岸信介) 전 총리이다.[174] 요시다는 개헌 반대론자였다. 안보와 군사는 미국에 맡기고 일본은 경제개발 등에 집중하자는 것이 요시다의 견해였다. 요시다는 태평양전쟁에 소극적인 입장이었다.

기시는 달랐다. 교전권을 상실하고 군사를 미국에 의존하는 것을 일본의 치욕으로 여겼다. 기회를 보아 미국을 설득해 개헌을 하자고 했다. 공산주의의 위협에 대한 대처를 명분으로 내걸었다. 기시는 A급 전범 출신이다.

두 갈래 흐름 중, 오랜 기간 일본 보수의 본류(本流)는 요시다의 주장과 같았다. 기시식(式)의 견해는 곁가지, 즉 지류(支流)에 불과했다. 잘못된 침략전쟁을 일으켜 일본인 수백만 명이 죽어간 과거의 쓰라린 경험, 경제 집중 덕택에 세계 2위의 부국이 된 놀라운 성취에 대한 만족감 등이 평화헌법 유지론자들의 든든한 후원

---

[174] 요시다는 1948년 10월부터 1954년 12월까지, 하토야마는 그 뒤를 이어 1954년 12월부터 1956년 12월까지 일본 총리를 지냈다. 기시는 1957년 2월부터 1960년 7월까지 총리로 재임했다.

군이었다. 이들 보수 본류는 한국과의 관계가 대체로 나쁘지 않았다.

냇물에 불과하던 지류가 세를 불리고 본류가 움츠러든 계기는 1990년대에 시작된 장기간의 경기침체다. 한국과 중국은 경제적으로 계속 성장하는 데 비해, 일본은 위축되어 가는 것에 대한 불안감과 불만족이 점점 커지기 시작했다. '강한 일본'을 부르짖는 주장에 대해 귀를 여는 일본인들이 점차 늘어났고, 개헌론도 무시할 수 없을 정도로 세를 불리게 됐다.

'강한 일본'론으로 대표되는 우경화 흐름에는 동조하지만, 개헌에는 소극적인 보수파들도 적지 않다. 대표적인 실례가 고이즈미 준이치로 전 총리다. 고이즈미는 야스쿠니 신사참배로 우경화 논란을 임기 내내 이어갔지만, 평화헌법 개정에는 상대적으로 적극적이지 않았다.[175]

즉 일본 보수 중에서 개헌을 주장하고, 게다가 2000년대 들어 본격 등장한 '강한 일본'을 내세운다면, 보수파 중에서도 보수파 즉 강경 보수로 봐도 무방하다. 아베 신조는 이런 강경 보수와 입장을 같이하는 정치인이다. 아베가 총리가 되고 최장의 장기집권 총리가 될 수 있다는 것은, 일본 보수파 내의 본류와 지류가 서로

---

[175] 일본 보수 방류, '아베류'의 70년 야욕의 정체 - 인터뷰 2, 프레시안, 2019.9.2.

바뀌었거나 적어도 본류와 지류의 구분이 무의미할 정도로 두 세력이 이제는 팽팽해졌음을 의미한다.

개헌론 내에서도 초(超)강경론적 주장과 현실적인 여건을 감안한 개헌론으로 나뉜다. 극단적인 개헌론자들은 현행 헌법 제9조 1항과 2항을 쓰레기통으로 보내자는 것이다.[176] 일본헌법 제9조 1항은 '일본 국민은 국제 평화를 성실히 희구하며, 국권의 발동인 전쟁과 무력에 의한 위협 또는 무력의 행사는 국제 분쟁을 해결하는 수단으로서는 영구히 이를 포기한다'고 되어 있다. 2항은 '육·해·공군과 그 밖의 전력은 보지(保持)하지 않는다. 국가의 교전권은 이를 인정하지 아니한다'고 명시하고 있다.

전쟁을 포기하고 원칙적으로 군대보유를 금지한 현행 일본헌법은 평화헌법이라고 불린다. 이 헌법은 맥아더 총사령관이 주도한 연합군 최고사령부(GHQ)가 일본을 점령 통치하던 때인 1947년 5월에 시행됐다. 지금까지 개헌된 전례는 없다.

아베 총리 등 현실 정치에 참여하는 개헌론자들은 일반 국민들의 반대 여론 등을 의식해 제9조 1항과 2항은 그대로 두고, 3항을 신설하거나 제9조의 2를 새로 만들어 여기에 자위대 설치의 근거

---

176) 개헌을 통해 일왕을 '상징적 존재'에서 '국가원수'로 격상하자는 주장도 내놓았다. 그러나 아키히토(明仁) 전 일왕은 전쟁에 대한 강한 반감으로 여러 차례 개헌 반대 의사를 밝혔다. 아베 등의 강경 보수주의자들 입장에선, 일왕이 가장 부담스러운 개헌 반대론자였다. 아키히토 전 일왕은 고령(85세)을 이유로 2019년 4월, 31년간의 헤이세이(平成)시대를 마감하고 퇴위했다. 아키히토 전 일왕은 재임 중 야스쿠니를 한 번도 찾지 않았다.

를 명확히 하자는 것이다.

개헌론자들의 의도는 지금도 사실상 군대와 같은 기능을 하는 자위대를 헌법상의 기구로 명확히 인정함으로써 자위대 전력을 강화할 수 있는 명분과 법적 근거를 확실히 하고, 실제 국가 운영 과정에서 '후법(後法) 우선의 원칙' 등을 내세워 교전권을 포기한 제9조 2항을 사실상 무력화시키자는 것으로 해석되고 있다.

아베 총리 등의 개헌론자들은[177] 개헌이 '정상국가(보통국가)로 되돌아가는 것'이라고 항변하고 있으나, 일본 내 호헌론자들은 개헌은 '일본을 전쟁할 수 있는 국가로 되돌려 놓을 것'이라고 반박한다.

개헌이 성사됐다고 해서 곧바로 일본이 19세기 말과 20세기 초중반에 자행했던 잔혹한 침략행위를 다시 시도할 것으로 보는 것은 아직은 기우이다. 그러나 개헌을 이룬 일본에 팽창주의적 세력이 앞으로 더욱 득세할 경우 동아시아의 안정과 평화에 큰 부담을 주는 것은 확실해 보인다. 그리고 20여 년 전만 해도 소수 극우의 목소리에 불과한 개헌론이 총리까지 나서서 노골적으로 주창할 정도로 일본 일반 국민들의 여론이 20여 년 사이에 많이 변한 것도 인정해야만 할 분명한 사실이다.

---

[177] 아베 총리는 대중 앞에 설 때마다 '자위대 아빠 이야기'를 한다고 한다. 중학생 아들이 자위대 장교인 아빠한테 눈물을 글썽이며 '아빠는 위헌(違憲)이래'라고 말했다는 스토리다(성호철, 조선일보, 2019.7.12).

2019년 7월 자행된 일본의 경제보복을 개헌과의 연관성에서 설명하는 견해도 있다. 이 견해는 경제보복을, 헌법 수정 강행에 앞서 꼭 끊어내야 할 과거의 굴레를 돌파하기 위한 것이라고 파악한다. '전후 레짐(체제)의 탈피'인 신헌법 제정을 위해서는 종군위안부·징용근로자 등이 일어난 일제강점기와 2차 세계대전 발발과 같은 과거사와 연관된 논란에 종지부를 찍어야 한다는 것이다.[178]

아베 총리와 같은 전후세대 개헌론자에게 있어 개헌은 자위대를 합헌화하는 수준의 의미에 그치는 것이 아니라, 연합군 점령하에 만들어진 헌법에서 벗어남으로써, 일본이 침략의 원죄를 진 과거와는 완전히 절연한 새로운 나라로 재출발한다는 의미인 것이다. 이들 강경 보수들은 침략의 원죄 때문에 사죄의 굴레에서 벗어나지 못한 일본은 정상국가가 아니라고 본다.

개헌이 이루어질 경우 일본은 독도와 사할린은 물론 '동해(일본 주장 일본해)' 전체에 대한 지배권을 강화하려 들 것이며, 경우에 따라서는 군사적 충돌도 불사할 수 있다. 그리고 이를 구실로 중국과 러시아가 동해에 개입하게 될 일도 늘어날 것이다. 따라서 아베의 개헌 시도가 할아버지 기시 노부스케 때와 같은 노골적인

---

178) 성호철, 아베의 일본판 대국굴기, 조선일보, 2019.7.12.

제국주의적 팽창 계획은 아니라고 해도, 동아시아의 세력 균형을 바꾸어 놓을 일임은 분명하다.[179]

개헌안에 대한 일본의 여론

아베 총리는 분명히 개헌 시도를 할 것이다. 그러나 아베의 개헌 공세에 대한 저항 또한 만만치 않다. 무엇보다 일본 국민들이 개헌에 소극적이다.

아베는 개헌을 전면에 내걸고 2019년 7월 참의원 선거를 치렀다. 아베는 공공연히 "이번 선거는 헌법 개정을 논의할지, 거부할지 결정하는 선거"라며 목소리를 높였다. 그러나 집권 자민당과 파트너인 공명당, 그리고 개헌 동조세력인 일본 유신회는 개헌에 필요한 의석인 총 의석의 3분의 2를 획득하는 데 실패했다.[180] 기

---

179) 홍기빈 인터뷰, 프레시안, 2019.9.2. 홍기빈은 이 인터뷰에서 "일본 사회가 진보적이지는 않지만 지배계급의 선동에 마구 휩쓸릴 정도도 아니다"며 "혐한 방송이 넘쳐난다는 보도가 나오지만 이는 분명히 일각의 현상일 뿐"이라고 말했다. 그는 평범한 일본 시민들에게 큰 기대를 할 일도 아니지만 그렇다고 저주와 증오를 퍼부을 일은 더더욱 아니다며 끈질기고 차분하게 대화하고 이웃으로서 서로 사랑하는 자세가 가장 중요하다고 주장한다.
180) 참의원은 임기 6년으로 3년마다 의원 절반을 대상으로 선거를 치른다. 전체 의석 245석 중 124석을 놓고 겨룬 이번 선거에서 자민당은 57석, 공명당은 14석 등 연립여당은 총 71석으로 얻었다. 자민·공명 두 여당의 기존 의석 70석을 더하면 총 141석이 된다. 연립여당은 과반은 넘겼으나 개헌선 확보에는 실패, 아베 총리는 '절반의 승리'를 거둔 셈이다.

존 의석을 포함하여 집권 여당과 개헌 찬성세력이 얻은 의석은 157석으로 개헌안 발의선(164석)에 7석이 모자랐다.[181]

이런 선거 결과에 대해 국민들의 여론은 '잘됐다'는 견해가 훨씬 우세했다. 아사히신문이 선거 직후인 7월 22~23일 실시한 여론 조사에서 개헌 세력이 3분의 2에 이르지 않았던 것에 대해 '좋았다'가 43%로, '좋지 않았다'의 26%를 웃돌았다. 같은 기간 교도통신의 조사에서도 선거 결과에 대해 '좋았다'가 29.8%로, '좋지 않았다(12.2%)'를 크게 앞질렀다.[182]

아베 정권하에서 개헌하는 것에 대해, 아사히신문 조사에서 찬성은 31%, 반대는 46%로 집계됐다. 교도통신 조사에서도 아베 정권하에서의 헌법 개정에 대해 반대한다는 의견이 56%로 나타나, 찬성(32.2%)보다 훨씬 많았다.

아사히신문의 같은 조사에서 총리가 가장 우선적으로 힘써주기를 바라는 정책이 무엇이냐는 물음에 대해 '연금 등의 사회 보장'이 38%로 가장 높게 나타났다. 그다음은 '교육·육아(23%)', '경제와 일자리(17%)', '외교·안전보장(17)' 순이었다. 아베가 가장 역

---

181) 일본은 의회만이 개헌안을 발의할 수 있다. 개헌안 발의를 위해서는 중의원과 참의원 각각 3분의2이상의 찬성이 있어야 한다. 개헌안이 발의되면 국민투표에서 투표자 과반수가 찬성하면 일왕의 공표를 거쳐 개헌은 확정된다. 참의원과 달리 중의원은 465석 중 자민당이 61.3%(285석), 연정파트너인 공명당은 6.2%(29석)로 여당 의석점유율은 67.5%이다. 3분의2선을 넘는다. 야당이지만 개헌에 적극적인 일본유신회의 11석(2.4%)을 더하면 점유율은 70%이다.
182) 여론조사 아베 개헌에의 반대 강하게, 아카하타신문, 2019.7.25.

점을 둔 '헌법 개정'이라는 응답은 3%에 그쳤다.

참의원 선거 비례대표 투표에서 자민당에 투표했다고 한 응답자 중에서도 가장 우선시 했으면 하는 정책은 '사회 보장(39%)'이었다. 그다음 순위는 '외교·안보 21%', '교육·육아 20%', '경제·일자리 14%' 순이었다. '헌법 개정'이라는 응답자는 4%에 불과해 자민당 지지자들 사이에서도 헌법 개정에 대한 열의가 아주 낮음을 여실히 보여줬다.[183]

교도통신 조사도 아사히신문과 같은 궤적을 보여준다. 아베 내각이 우선해야 할 과제로 '연금·의료·간호(48.5%)', '경제와 일자리(38.5%)'를 지적하는 목소리가 압도적으로 높았다. 헌법 개정을 우선해야 한다는 응답은 6.9%에 그친 것으로 나타났다.[184]

다른 국가 현안에 앞설 만큼 개헌이 시급한 과제가 아니라는 일반 국민들의 여론은 참의원 선거 이전에도 분명했다. 2019년 일본 헌법의 날(5월 3일)을 맞아 아사히신문의 조사에서 '헌법을 바꾸는 기운이 얼마나 고조되어 있는지'를 물었을 때, '별로'와 '전혀'를 포함해 '고조되고 있지 않다'는 답변이 72%로 집계됐다. 자민당 지지층에서도 '고조되고 있지 않다'는 응답은 61%에 달한 것

---

183) 총리에게 바라는 정책, 사회 보장 38% 개헌 3% 아사히 여론조사, 아사히신문, 2019.7.23.
184) 3분의2 "잘됐다" 29%, 아베 정권하에서의 개헌 "반대" 56%, 도쿄신문, 2019.7.24.

으로 조사됐다. 무당파층에서는 77%였다.[185]

일반적인 일본 국민들 사이에서 개헌을 '시기상조'로 보는 견해가 훨씬 많음은 다른 여론조사에서도 어렵지 않게 확인된다.[186] 다만 개헌을 했을 경우, 헌법 제9조에 자위대 존재를 명기하자는 방안에 대해서는 찬성(48%)과 반대(42%)가 엇비슷한 것으로 나타나고 있다.[187] 자위대의 해외활동에 긍정적이면 찬성을, 부정적이면 반대를 선택했다.

여론조사만 놓고 본다면 국민들은 아베 총리와 집권 여당이 다른 국정현안을 제쳐놓고 개헌에 몰입하는 것에 대해서는 심히 마땅치 않게 생각하고 있다. 그러나 막상 개헌안을 놓고 국민투표가 실시된다면 통과될 가능성도 상당한 것으로 점쳐지고 있다. 아베 총리 등의 강경우파 개헌론자들로서는 국민투표에서 승부를 보고 싶은 유혹을 쉽게 떨칠 수 없는 것이다.

---

185) 개헌 기운 "고조되고 있지 않다" 72%, 아사히신문 여론조사, 아사히신문, 2019.5.3.
186) 5월 3일에 생각하고 싶은 헌법개정논의 개헌찬성파가 얼마나 있는지 조사해 보니, 익사이트뉴스, 2019.5.3. 보수적인 편인 요미우리신문의 2019년 7월초 설문조사에서도 개헌은 응답자들이 꼽은 참의원 선거 이슈 중 5번째에 그쳤다. 우선순위는 '연금 등 사회 보장(37%)', '경기와 고용(19%)', '육아 지원(13%)', '외교와 안전보장(12%)' 그리고 '개헌(7%)' 순이었다.
187) 개헌 기운 "고조되고 있지 않다" 72%, 아사히신문 여론조사, 아사히신문, 2019.5.3.

아베의 정치적 운명을 좌우할 개헌 시도

아베 신조 총리의 개헌의지가 확고하다는 것에는 이견은 없다. 아베는 '개헌하고 싶다'는 의도를 1993년 정치 입문 이래 수십, 수백 번 밝혀왔다. 아베가 개헌 추진에 속도를 낼 것으로 보는 관측이 우세하지만, 개헌 드라이브에서 일정 부분 발을 뺄 것이라는 예상도 제기되고 있다.

아베 총리는 현실에 발을 딛고 있는 실용적인 정치인이다. 말을 해놓고도 현실 상황이 아니다 싶으면 실행하지 않는다. '말', 즉 공약에 갇혀 마냥 고집을 피우는 스타일이 아니다. 개헌에 버금가는 일본 정치권 최고의 화두인 소비세율 인상 목표시한을 제시해 놓고도 두 차례나 연기했다.

아베는 참의원 선거에서 3분의 2선을 확보하지 못한 성적표를 받은 직후 "(야당인) 국민민주당에서[188] 헌법 개정에 대해 논의해야 한다는 분들이 많이 있다. 여당·야당의 틀을 넘어 3분의 2의 형성을 위해서 노력해야 한다"고 주장했다.[189] 제2야당 의원들의 협조를 얻어 참의원 '3분의 2' 벽을 넘어보겠다는 의도인 셈이다.

아베 총리는 또 9월 단행한 개각에서 '개헌 사무라이'로 불리는

---

188) 일본 민주당의 후신인 민진당 내 우파 성향이 주축이 돼 2018년 결성됐다. 입헌민주당에 이어 원내 제2야당이다. 중의원 38석(8.2%), 참의원 25석(10.2%)을 차지하고 있다.
189) 산케이신문, 2019.7.22.

측근 강경파들을 당정 주요 포스트에 배치했다. 개헌 논의에 소극적인 여당 의원들에게 '직장 포기'라며 막말을 한 시모무라 하쿠분(下村博文) 문부과학상을 당 4역인 선대위원장에 앉힌 게 대표적이다.[190] 각료 명단에 이름을 올린 20명(총리 포함) 중 극우단체인 일본회의 소속이 15명이나 될 정도로 '우향 우' 내각을 꾸렸다.

그러나 제2야당을 끌어들여 개헌을 추진해 보겠다는 아베 총리의 발목을 잡고 있는 것은 연립여당인 공명당이다. 일본 자민당과 연립여당을 구성 중인 공명당의 야마구치 나쓰오(山口那津男) 대표[191]는 2019년 7월 참의원 선거 기간과 그 이후에 "(개헌은) 쟁점으로서 덜 무르익었다", "(일본의 평화헌법은) 세계에서 배워야 할 하나의 모델로 많은 사람이 주목하고 있다. 이 평화헌법의 가치를 계승해 전하고 싶다"고 발언하는 등, 개헌 추진에 부정적인 자세를 견지하고 있다.

아베 총리로서는 공명당이 실제로 강하게 반발할 경우 중의원과 참의원의 의석수 구성상 개헌 추진이 쉽지 않은 실정이다. 또 수십 년간 자민당의 든든한 후원군인 공명당과 개헌 과정에서 정치적 균열을 초래한다는 것은 아베로서도 상당한 부담이 아닐 수 없다. 공명당의 뿌리인 니치렌슈우는 태평양전쟁 때 군국주의자

---

190) '포스트 아베' 고이즈미 차남 입각, 중앙일보, 2019.9.12.
191) 1952년생으로 도쿄 출신의 4선 참의원 의원이다. 중의원 재선도 했다. 공명당은 니치렌슈우(日蓮正宗)의 신자 단체인 창가학회를 모태로 하여 1964년에 창당됐다.

들의 탄압을 받았다. 공명당의 정치적 성향은 평화헌법 개정에 소극적이던 자민당 내 구(舊)주류인 전통 보수들과 가장 비슷하다고 할 수 있다.

아베 총리는 공명당과 제2야당인 국민민주당의 협조를 끌어내려고 최대한 노력을 기울일 가능성이 크다. 연합군 점령 때 만들어진 헌법의 개헌을 70여 년 만에 이룬다면, 이는 전후세대 출신 첫 총리인 아베에게는 큰 정치적 훈장이 된다. 개헌은 또 최장수 총리에 어울리는 정치적 업적이 될 수 있고, 자신을 오랜 기간 지지해 온 강경보수파들에 대한 큰 보답일 수도 있기 때문에 아베 총리로서는 개헌의 꿈을 결코 쉽게 포기하지 않을 것이다.

그러나 개헌안 발의 성사에 자신감을 갖고 중의원과 참의원 안건 통과를 밀어붙였으나 부결됐을 경우 아베 총리의 정치 생명에 큰 타격이 올 수 있다. 또 국회통과 후 국민투표에 부친 개헌안이 국민들 손으로 거부된다면, 그 바로 다음 날 아베 총리가 권좌에서 내려오는 상황이 일어날 가능성이 아주 크다.

개헌 추진이 실제 표결까지 진행된다면 아베 총리에게는 정치 인생이 걸린 승부수가 될 것이다. 아베 총리는 정치적 도박에서 승리할 확률을 높이기 위해 중의원 해산을 선택할 수도 있다.

2020년 7월에 도쿄 등에서 올림픽이 열린다. 아베 내각이 이 기간을 피해, 올림픽 열기나 후광을 활용할 수 있는 2020년 상반기나 그해 하반기에 중의원을 해산하고 개헌을 최대 쟁점으로 내건 총선거를 치르는 방안을 선택할 수 있다. 중의원 선거에서 압승을 거둔다면 그 여세를 몰아, 공명당의 소극적인 태도를 잠재우고 참의원 3분의 2 벽을 가볍게 넘어 국민투표 승리까지 이끌어낼 수 있다는 것이다. 아베 총리 등이 정치적 여건을 면밀히 고려해가며 2020년 중 중의원 해산 카드를 심사숙고할 것만은 분명해 보인다.

그러나 아베 총리가 개헌을 다음 정권으로 넘길 가능성도 배제할 수 없다. 아베 총리 스스로도 그런 의사를 내비치기도 했다. 아베는 "헌법 개정은 기시다 후미오(岸田文雄) 시대에 하는 것이 좋을 것이다"는 말을 하기도 했다.[192] 기시다 자민당 정무조사회 회장은 스가 요시히데(菅義偉) 관방장관과 함께 '포스트 아베' 후보군 중 아베 총리가 직접 지원하고 있는 주자이다.

아베 총리는 개헌에 대한 '시기상조'라고 생각하는 일반 국민들의 여론과 정치권 내 동향을 감안할 때, 2021년 9월 총재 임기 때까지 개헌에 대한 분위기 조성과 여론 지지도 상승 등에만 주력하고 실제 표결 등은 다음 총리 때로 넘기는 것이 바람직하다는 판단을 할 수도 있다.

아베가 도쿠가와 이에야스(德川家康)처럼 '새가 울 때까지 기다릴지', '새(개헌)'가 울도록 만드는 정치적 승부수를 던질지는 결국

---

192) "포스트 아베" 기시다 씨는 "개헌 이지메"로 탈락인가, 프레지던트, 2019.9.9.

자신의 결단에 달려 있을 것이다. 그리고 그 승부수는 자칫하면 아베의 정치 생명을 치명적으로 벨 수도 있다.

아베 정권 롱런의 일등 공신 아베노믹스

2019년 5월 니혼게이자이신문(日本經濟新聞)은 아베 신조 정권의 장기집권을 이끈 요인으로 선거, 경제, 외교 등 3가지를 꼽았다.[193] 아베 총리는 2012년 12월 두 번째 집권 이후, 두 차례 중의원 선거와 세 차례의 참의원 선거에서 모두 승리를 거뒀다.

의원내각제 국가에서 선거 패배는 곧 총리 퇴진을 의미한다. 선거에서 지지 않고 이겼기 때문에 정권이 계속 이어지는 것이다. 그럼 선거 승리를 부른 이유는 무엇일까.

중국의 시진핑 국가주석, 러시아의 블라디미르 푸틴 대통령 등 주변 강국들 정상이 '강성 인물'인 것이 아베 신조 정권에게 도움이 됐다. 아베 총리의 '강한 일본' 주장과 뚜렷한 우경화 행보가 국민들에게 안도감을 심어 준 측면이 있는 것이다. 북한의 거듭된 미사일 발사도 결과적으로는 아베 선거승리의 든든한 지원군

---

193) 니혼게이자이신문, 2019.5.27.

이었다.[194] 2017년부터 미국 대통령이 역사의식이 거의 없는 도널드 트럼프인 것도 과거사에 대한 역주행을 일삼는 아베에게는 큰 플러스 요인이 됐다.

국제정세의 흐름이 결과론적으로 아베 정권 연장에 기여한 것은 분명하지만, 정권 롱런의 결정적 요인은 경제에서 왔다. 2012년 재집권 이후에도 정책의 보수 색채나 힘으로 밀어붙이는 국정 운영 방식은 1차 내각 때와 별로 차이가 없다. 차이가 있다면 아베노믹스를 일관되게 밀어붙여 경기 회복 기조를 만들어냈다는 것이다. '경제 회복 없이는 정권과 국정의 안정은 있을 수 없다'는 것을 절감한 아베 총리가 줄곧 경제를 국정의 최우선 순위에 뒀기 때문이다.[195]

만 1년의 단명으로 끝난 1차 아베 내각 때는 정권의 핵심 구호에 '경제'가 없었다. 그러나 당시 야당인 자민당 총재 자격으로 2012년 12월 치른 제46대 중의원 선거에서, 아베는 아베노믹스라고 불린 경제정책들을 간판 공약으로 내걸고 선거에 뛰어들었

---

194) 2017년 10월 제48대 중의원 선거에서 자민당과 연정 파트너인 공명당은 전체 의석의 3분의2를 차지하는 승리를 거뒀다. 이 선거에서 아베 총리가 전면에 내세운 것이 '북한의 위협'이었다. 아베는 2017년 8월과 9월에 북한이 쏜 미사일이 홋카이도(北海道) 상공을 통과하는 것을 두고 '국난(國亂)'이라고 지칭했다. 중의원 조기 해산을 '국난 돌파 해산'이라고 말했다. 북한 발 위협에 대응하기 위해서라도 자민당 정권을 지지해 달라는 아베의 주장이 일본 국민들에게 먹혀들었다.
195) 중앙일보, 2018.12.27.

다.[196]

　아베노믹스는[197] 크게 통화, 재정, 그리고 성장전략으로 구분된다. 그중 핵심은 대담한 금융완화를 기조로 한 통화정책이다. 발권력을 가진 일본은행을 동원해 무제한에 가까운 양적 완화를 펼친다는 것, 즉 돈을 엄청나게 시장에 풀겠다는 것이다. 시중에 돈이 많아지면 화폐가치가 떨어지고 물가가 오르는 것이 일반적이다. 아베와 자민당은 2년 내 물가 상승률 2% 달성을 목표로 제시했다.

　보통의 경우 중앙은행이 해야 할 가장 중요한 임무 중 하나는 물가안정이다. 그런데 2012년 당시 일본은 20여 년의 장기부진으로 디플레이션 상태에 있었다. 상품과 서비스의 가격이 지속적으로 하락하고 있기 때문에, 소비자들은 지갑을 쉽게 열지 않았고 기업은 매출감소에 허덕였다. 기업실적 부진은 주가하락과 소득감소로 이어져 소비침체를 불러오고 성장률 저하를 유발하는 악순환의 고리로 이어졌다.[198] 인플레이션 유발을 통해 경제의

---

[196] 정권 탈환을 노린 자민당이 이 선거에서 내건 핵심 구호는 '일본을 되찾는다'였다. 자민당은 집단적 자위권을 행사하고, 국방비를 확충하겠다는 공약을 내놓았다. 또 시마네현 차원에서 매년 2월22일 실시했던 '다케시마(竹島·독도의 일본식 명칭)의 날' 행사를 정부 행사로 격상하고, 센카쿠열도(중국명 댜오위다오)의 실효 지배 강화를 위해 공무원 상주를 검토하겠다는 등 주변 국가와의 갈등을 불러올 수 있는 사항 등을 제시했다.
[197] 예일대 명예교수인 하마다 고이치(浜田宏一)가 아베노믹스의 설계자로 알려져 있다. 하마다 교수는 제2차 아베 내각에서 내각관방참여(자문역)를 맡아 아베의 '경제 멘토'로 활동했다.
[198] 1990년부터 2009년 20년 동안 한국은 연 평균 성장률이 5.6%였다. 같은 기간 미국은 연 평균 성장률 2.6%, 영국은 2.0%였다. 반면 일본은 성장률이 1.1%에 그쳐 한국과 일본 간 경제격차가 크게 좁혀지고, 일본과 미국 간의 격차는 더 벌어졌다.

활기를 되찾겠다는 것이 아베노믹스의 핵심 골자였다.

또 아베노믹스의 양적 완화는 일본 돈의 화폐가치 하락, 즉 엔화 약세로 이어지게 된다. 일본 수출기업으로서는 가격경쟁력이 높아져 수출 확대를 기대할 수 있는 것이다. 아울러 자국의 화폐가 약세를 보이게 되면 수입물가가 올라 전체 물가 상승을 유발하고, 소비자들의 부담이 늘 수 있다. 그러나 일본은 물가가 아주 낮기 때문에 인플레이션을 부추겨 마이너스 물가에서 벗어나는 것이 전체 경제에는 오히려 긍정적 효과가 더 크다는 것이 아베노믹스의 주된 논거였다.

아베노믹스의 재정정책은 막대한 재정적자를 무릅쓰고라도 대규모 경기부양책을 펼치겠다는 것이다. 당시 일본 GDP의 2%인 10조 3000억 엔 규모의 부양책이 제시됐다. 성장전략은 규제완화와 구조개혁, 그리고 법인세 감세 추진 등이다.

아베노믹스는 곡절을 겪기는 했으나 지금까지는 대체로 성공을 거둔 편이다. 2012년 12월 아베의 집권 이후 2018년까지 일본의 실질 GDP는 약 7.6% 올랐다. 곧잘 마이너스 성장에 시달리던 일본으로서는 비교적 높은 성장률이다. 무엇보다도 기업수익이 많이 좋아졌다. 2013회계연도의 경우 일본 상장기업들의 순이익 증가율은 62.7%에 달하기도 했다.

기업수익 상승은 장기화된 저출산과 맞물리면서 일본의 노동시장에 훈풍을 불러왔다. 일본 노동시장은 완전고용에 근접하는 수준이 됐다. 2019년 8월 기준, 실업률은 전달과 같은 2.2%로 1992년 10월 이래 26년 10개월 만의 최저 수준을 이어갔다.[199)]

2019년 3월 졸업한 일본 대학생의 97%가 취업에 성공한 것으로 조사됐다. 구직 대학생이 갑, 기업이 을인 상황이다. 역시 3월 학교를 마친 고교 졸업자의 취업률은 작년보다 0.1%포인트 오른 98.2%로 집계됐다.

닛케이 225지수는 2019년 10월 초 현재 21000선을 웃돌고 있다. 아베가 중의원 선거에서 승리해 사실상 집권한 2012년 12월 17일의 닛케이 지수는 9628이었다. 약 7년 만에 2배 넘게 오른 셈이다. 2018년 10월 1일에는 1992년 이후 27년 만에 가장 높은 24245를 기록하기도 했다. 아베 2차 취임 무렵 달러 당 85엔 선이던 엔·달러 환율은 아베 집권 기간 동안 100엔 선을 웃돌 정도로 엔화 약세기조를 이어갔다.

무기력증에 빠진 일본 경제가 활기를 되찾았다는 평가도 나왔다. 물가도 2016년 9월(-0.5%) 이후에는 3년 넘게 줄곧 플러스 상승률을 보이고 있다. 아베 내각의 친기업정책에 수혜를 입은 기업가들과 일자리 혜택을 받은 청년층 등의 지지에 힘입어 아베 내각은 집권 이후 전국단위 선거에서 5전 5승을 거두고 있다.

---

199) 니혼게이자이신문, 2019.10.1.

국정 운영의 최우선 기조를 경제에 두고 경제 성적이 결국 정권의 성패를 좌우한다고 보는 아베 총리의 신념이 이룬 성과라고 볼 수 있다. 아베 정권에 상대적으로 비판적인 논조를 보이고 있는 아사히신문이 2018년 "강력한 지지 기반인 보수층이 반발하더라도 경제에 플러스가 된다면, 체면이든 무엇이든 따지지 않고 밀어붙이겠다는 게 아베 총리의 자세"라고 보도할[200] 정도이다.

아사히 보도에 따르면 2018년 11월 아베 총리의 후원군이던 보수단체들이 총리관저 앞에서 시위를 하는 이례적 광경이 벌어졌다. 보수단체 회원들은 '망국적인 이민법안 절대 반대'라는 현수막을 내걸었다.

외국인 단순 노동자들에게 일자리를 개방하는 법안이 통과되면 일본은 다민족국가가 된다는 것이 시위대의 주장이었다. 인터넷에서 우익들은 "이민법안은 일본을 해체하려는 매국법이고 아베는 배신자"라는 비난을 퍼부었다. 그러나 법안은 진통 끝에 의회의 관문을 넘었다. 아사히는 '일손 부족으로 일본 경제가 후퇴할 경우 향후 선거 등에 악영향을 미칠 수 있기 때문'에 아베 총리가 법안 통과에 나선 것으로[201] 분석했다.

---

[200] 아사히신문, 2018.12.26.
[201] 향후 5년간 최대 34만명의 외국인 근로자를 받아들이는 것을 골자로 하는 출입국 관리·난민 인정법(입관난민법) 개정안이 2018년 11월27일 중의원, 12월8일 참의원에서 각각 논란 끝에 가결됐다.

아베노믹스가 아베를 잡을 수도

경제가 아베 정권을 떠받들고 있다면, 경제는 또한 아베 정권을 허물 수도 있다. 2019년 10월 현재 아베노믹스에 빨간불이 들어온 것은 아니다. 그러나 아베노믹스에 대한 낙관론이 많이 허물어져 있음은 분명하다. 아베노믹스의 약효가 끝나가는 것인지, 과거에도 있었던 일시적인 침체기의 재현인지는 아직 불명확하다. 그러나 아베노믹스가 실패로 종언을 고한다면 아베 정권의 운명도 시차를 두고 같이 막을 내릴 것만은 분명하다.

아베노믹스의 취약점은 국가 재정의 악화를 부른다는 것이다. 경기부양을 위해 공격적으로 재정지출을 늘리는 아베의 정책은 국가 빚의 증대를 불러올 수밖에 없다. 일본의 국가 재정건전성은 세계 최악이다. 국가부채는 2019년 6월 기준 1,105조 4,353억 엔(원화 기준 약 1경 2,000조 원)으로 GDP의 약 237%에 달한다. 다른 나라 같으면 국가부도를 맞았겠지만 일본은 채권자가 주로 자국 국민이라 부도위기는 없다.

그러나 언제까지 국가부채 확대를 마냥 방치할 수만은 없기 때문에, 일본 역대정부는 소비세(한국의 부가가치세) 증세를 시도했다. 일본 정치권에선 소비세를 '귀문(鬼門·귀신이 들어오는 문)'이라고 부른다. 증세가, 추진하는 정치인들의 무덤이 됐기 때문이다. 1997년 하시모토 류타로 당시 총리는 소비세율을 3%에서 5%로 올렸다가 불황에 등 돌린 민심을 끝내 회복하지 못한 채 이듬해 중의원 선거에서 대패하고 퇴진했다. 2012년 노다 요시히코 총리 역시 소비증세법을 입안해 중의원 선거에서 역시 참패했다.[202]

2013년 아베 총리는 상품가격의 5%였던 소비세율을 1단계로 8%, 2단계로 10%로 올리기로 했다. 1단계 인상은 2014년에, 2단계 인상은 두 차례의 연기 끝에 2019년 10월 1일 실시됐다. 이 소비세 인상이 약세 국면에 접어들고 있는 경기를 침체의 늪으로 밀어 넣을 수 있다는 분석이 나오고 있다.

아사히신문이 2019년 5월에 실시한 여론 조사에서 '소비세 인상이 경기에 악영향을 줄 것이라는 불안감을 갖고 있느냐'는 질문에, '크게 불안(28%)'과 '어느 정도 불안(47%)'을 합쳐 응답자의 75%가 악영향을 예상한 반면, '불안을 느끼지 않는다는 응답자는 22%에 불과했다.[203] 또 이 조사에서 '경기가 나빠지고 있는 것을 체감하고 있다'는 대답이 49%에 달해, '그렇게 생각하지 않는다(40%)'는 답변을 웃돌았다.

일본생협연맹 등이 소비세 인상 직전인 9월에 실시한 조사에서도 회원들의 53.0%는 소비세 증세 대책으로 '전반적으로 절약하고 싶다'를 선택했다. 소비세를 올린 것이 소비 위축으로 이어

---

202) 두 차례나 미룬 소비세 인상, 할 수도 미룰 수도 없는 아베, 파이낸셜뉴스, 2019.5.1.
203) 소비증세의 영향 "불안감 느끼는" 75% 아사히신문 여론조사, 아사히신문, 2019.5.20.

질 수 있음을 시사하고 있는 것이다.

아베노믹스의 핵심은 화폐공급확대→소비진작→경기활성화이다. 그런데 소비가 위축된다면 경기활성화는 물 건너 갈 수밖에 없다. 2014년 소비세를 5%에서 8%로 올릴 때에도 개인소비가 줄고 GDP가 마이너스 성장하는 등 경기가 몹시 위축됐다. 그러나 2014년 증세 때에는 일본의 수출이 전년 대비 두 자릿수 성장을 하는 등 수출 쪽의 상황이 좋았기 때문에 큰 위기 없이 소비세 인상 국면을 넘길 수 있었다.[204]

2019년의 상황은 다르다. 미중 무역전쟁의 영향으로 일본의 수출은 2019년 들어 9개월 연속 전년보다 나쁜 실적을 보였다. 한국과의 극심한 갈등도 한국 경제뿐 아니라 일본 경제에 부담이 아닐 수 없다. 대외여건이 안 좋은 상황에서 더 이상 연기할 수 없어 단행된 소비세 인상이 아베에게도 귀문(鬼門)으로 가는 길을 열 수도 있다.

아베노믹스의 다른 핵심 요소는 엔저, 즉 엔화가치의 약세다. 엔저 유도→수출기업 가격경쟁력 상승→수출확대→기업실적 호조→경기활성화와 일자리 증가로 선순환 고리를 만들겠다는 것이다. 그러나 2018년부터 시작돼 장기간 지속되고 있는 미중 무

---

[204] 2014년 일본의 GDP성장률은 0.4%였으나 2015년에는 성장률이 1.4%로 회복됐다.

역전쟁은 엔화 강세를 불러왔다. 세계 경기 감속에 대한 우려로 안전자산을 선호하게 되면서 엔화 매수세가 일고 있는 것이다.

글로벌 경기가 좋지 않게 되고 엔화 약세의 약발이 소멸되어 가면서 일본 기업들은 설비투자를 늘리는 데 움츠리고 있다. 투자 감소는 성장률 둔화를 불러오게 된다. 니혼게이자이신문에 따르면 일본경제연구센터가 취합한 민간 연구기관의 2019년 일본 경제성장률 전망치 평균은 0.5%에 불과하다.[205]

일본의 2018년 GDP성장률은 0.8%, 2017년의 성장률 1.8%에 비해 하향 추세이다. 경제 저널리스트 하치야 다카시는 "수출이 주춤한 가운데 국내 소비가 침체되고 있기 때문"이라며 "엔화 약세로 수입 물가가 상승하고 있는 데 비해, 임금 등 소득은 크게 늘지 않는 실정이다. 아베노믹스는 근거 없는 낙관론에 사로잡혀 빗나간 정책을 연발하고 있다"고 비판하고 있다.[206]

또한 아베노믹스의 효과가 국민들의 실생활 향상으로 이어지지 않는다는 비판이 커지고 있다. 아베노믹스로 '디플레 왕국 일본'이라는 불명예에서 벗어나 지표상으로는 경제에 자신감과 활기를 가져왔지만, 그 온기가 대기업과 부유층에서 일반 국민들로 내려오지 않는다는 것이다. 물가 상승만큼 임금이 오르지 않아

---

205) 19년도의 실질 성장률은 0.5%, 20년도는 0.7% 성장 NEEDS 예측, 니혼게이자이신문 2019.6.19.
206) 근거없는 낙관으로 과녁을 빗나가는 아베노믹스, 현대의이론 제7호. 2016. 봄호.

국민들의 실질소득은 줄었다는 지적이 힘을 얻고 있다.

사이타마대학 유키 쓰요시(結城剛志) 교수는 "지난 6년간의 아베노믹스가 공허한 것은 무엇보다도 일하며 사는 사람들의 생활 향상과 결부되지 않았기 때문"이라며 "2016~2018년에 실질임금이 저하되고 있어 성실하게 일해도 생활이 나아지지 않는 사람들이 많아진 것이 일본 경제 침체의 원인"이라고 진단했다.[207]

화가 치민 아베 총리가 재계에 임금 인상을 촉구하고 나설 정도로[208] 거시경제 지표의 호전이 실질임금 상승으로 제대로 이어지지 않는 것은 분명하다. 국민들의 점증하는 불만이 표로 반영되었는지는 아직 불명확하지만, 2019년 7월 참의원 선거의 비례대표 정당투표에서 두 야당인 국민민주당과 입헌민주당을 찍은 표의 합계가 과거 집권당 시절 민진당이 받은 표와 거의 같은 수준으로 회복됐다.[209]

---

207) 경제학적으로 보아 "아베노믹스"는 역시 실패한 이것만의 이유 〈제로부터 시작하는 경제학 제1회〉, 익사이트뉴스, 2019.3.20.
208) 니혼게이자이신문, 2018.12.26.
209) "아베노믹스에 불만을 나타낸 결과" 참의원 선거 결과에 대해 타마키 대표(2019.7.20), 국민민주당 홈페이지 참조.

아베노믹스를 휘청거리게 할 대외여건의 악화

아베노믹스 기간 동안 일본 GDP에서 차지하는 수출기여율은 21%→45%로 늘어난 반면, 내수는 40%→20%로 줄었다. 일본이 내수시장 위주에서 수출 의존형 경제로 상당 부분 변모했다. 일본 경제도 한국처럼 글로벌 시장에서 부는 외풍에 대해 예전보다 훨씬 민감하게 된 것이다.

그런데 2019년 이후의 세계 경제에 대해서는 예측기관들 모두 이구동성으로 '침체'를 내다보고 있다. 몇 년 간 호조를 보여 왔던 글로벌 경기에 한파가 몰아칠 것이라는 전망인 것이다. 유엔무역개발회의(UNCTAD)가 펴낸 '무역과 개발 보고서 2019'에 따르면 유엔은 2019년 세계 경제 성장률을 2.3%로 예상했다. 이는 글로벌 금융위기의 여파로 세계 경제가 마이너스 1.7%성장률을 기록했던 2009년 이후 10년 만에 가장 낮은 수치다.

2020년의 전망은 역시 밝지 않다. 유엔무역개발회의는 2020년 미국과 독일, 영국 등 주요 선진국을 중심으로 시작해 글로벌 경제가 침체에 빠질 가능성이 상당히 크다고 지적했다.[210] 세계 성장세를 주도했던 미국과 유럽의 제조업 경기 흐름이 확연히 나빠

---

210) 대외 악재 속 韓경제…유엔 "세계성장률 10년래 최저", 헤럴드경제, 2019.9.29.

지는 것으로 돌아섰다.

　미국 공급관리협회가 발표한 2019년 9월의 제조업구매관리지수(PMI)는 47.8로 2009년 10월 이후 10년 만의 최저치인 45.7로 나타났다. 유로존도 마찬가지다. 유로존의 같은 달 PMI확정치는 45.7로 2012년 10월 이후 가장 낮았다. 세계무역기구(WTO)도 상품 교역량 축소를 경고하고 나섰다.

　글로벌 경기 호조세가 꺾인다면 내리막길을 걷고 있는 일본 경제에는 대형 악재인 것이다. 엔화 약세가 주춤한 상황에서 세계 경제가 불황의 길에 들어서면, 일본 수출 기업부터 타격을 입게 되고 수출성장세를 바탕으로 경기 회복을 추구해왔던 아베노믹스에 큼직한 균열이 벌어지게 된다.

　경제 성적이 부진할 경우, 아베의 당 총재 4연임은 시도조차 못해 보게 될 것이다. 그렇게 되면 아베는 2021년 9월 당 총재 임기가 끝난 이후에는 일본 총리 자리에 머무를 수 없게 된다. 경기 하강세가 갈수록 확연해진다고 판단된다면 아베 총리는 자민당 정권 자체의 붕괴를 막기 위해 본인의 총리임기를 단축해 2021년 하반기가 되기 전이라도 중의원을 해산하고 조기 총선을 실시할 수 있다.

　다른 나라와 달리 전직 총리의 정치적 영향력이 강한 것이 일본이다. 정권이 넘어가면 그런 영향력을 기대할 수 없게 된다. 아베는 막후 실력자로 남기 위해서라도 아베노믹스가 실패로 귀결되기 전에 차기 주자를 간판으로 총선을 치를 가능성이 상당하다고 예상된다. 아베에게 가장 크게 영향을 미친 외조부 기시 노부스케는 1960년 총리직을 내려놓고도 1979년까지 19년간 중의원 의원을 지낼 수 있었다. 그 기간 동안 자민당 정권은 계속 이어졌다.

북한과 러시아가 아베 총리의 발목 잡을 수도

아베 신조 총리의 약점으로 부각되고 있는 것은 장기집권에도 불구하고 외교적 성과가 없다는 것이다. 일본 지지(時事)통신은 2019년 6월 6일 '장기집권, 추궁당하는 성과=납치·러-일, 현안의 진전이 없다'라는 제목의 기사를 내보냈다.[211] 이날은 아베 총리 재임기간이 역대 3위가 된 날이다.

이 기사는 아베 장기집권 배경으로 우선 야당의 약한 상황이나 자민당 내 라이벌 부재를 지목한다. 그리고 기사는 북한의 일본인 납치와 러시아와의 북방영토 문제를 해결하겠다는 아베 총리의 거듭된 주장이 지금까지는 집권 강화에 도움이 되었으나, 이제는 현안 해결의 실질적 결과물을 내놓느냐 여부가, 아베 장기

---

211) 장기정권, 추궁당하는 성과=납치·러일…현안의 진전이 없다 - 아베 총리 재직 3위, 지지통신, 2019.6.6.

집권에 대한 평가와 직결될 것이라고 내다봤다.

아베 총리는 '북한 때리기'를 주특기로 해 스타 정치인이 되고, 이를 밑천삼아 결국 총리에 올랐다. 그럼에도 일본 국민들 보기에 가시적인 성과는 전혀 없는 셈이다. 북한의 거듭된 미사일 발사가 아베에게 시간을 계속 벌어주고 있지만, 이제는 그 '인내'도 서서히 바닥을 향해 가고 있는 것이다.

아베 총리도 북한의 일본인 납치 문제가[212] 거꾸로 자신의 '발목'을 잡을 수도 있음을 잘 알고 있다. 아베는 이 문제에 관해 '투 트랙'을 달리고 있다. 하나는 총리가 돼서도 납치 피해자에 대해 여전히 강한 관심을 기울이고 있다는 점을 부각시키는 것이다. 아베 총리는 주요 국제회의 때마다 납북 피해자 문제를 주요 의제로 삼으려 하고 있다. 또 자신과 궁합의 잘 맞는 트럼프 미국 대통령을 도우미로 곧잘 활용한다.

트럼프는 2017년과 2019년 5월 방일했을 때 일본 측의 요청에 따라 납치 피해자 가족들과 만났다. 2019년 6월에는 피해자 가족들에게 '나는 당신을 위해 전력을 기울이고 있다'고 주장하는 편지를 보냈다. 트럼프는 아베의 바람대로 그 편지에 '아베 신조 총

---

[212] 일본 정부가 공식 인정한 납북 피해자는 17명이다. 그러나 북한은 이들 중 5명은 일본으로 되돌아갔고, 8명은 사망했으며, 4명은 입북한 사실이 없어 납북자 문제는 완전히 해결됐다는 입장이다. 반면 일본 정부는 귀국자 5명을 제외한 12명은 여전히 생존해 있다고 가정하며, 12명 전원의 생환을 주장하고 있다.

리도 그렇다'는 말을 넣었다.

다른 하나는 북한에 대화를 하자는 신호를 계속 보내는 것이다. 아베 총리는 2019년 10월 국회에서 한 소신표명연설에서 납북 일본인 문제 해결을 위해 "조건을 붙이지 않고 김정은 북한 국무위원장과 만나겠다"는 의지를 거듭 밝혔다.[213] 일본 정부는 2018년 북미 간 싱가포르 정상회담 이후부터는 선(先)납북자 문제 해결 주장을 접고, 김 위원장을 향해 조건 없는 정상회담을 제안하는 쪽으로 방향을 틀었다.

아베 총리는 2019년 5월 가장 친밀한 매체로 분류되는 산케이신문과의 단독 인터뷰에서 "김정은 위원장과 만나 솔직하게, 허심탄회하게 이야기해 보고 싶다"고 말했다. 아베는 이 인터뷰에서 "납치 피해자 5명이 (고이즈미 총리 때) 귀국한 이후 1명의 피해자도 추가로 귀국하지 못하고 있다"며 "납치 문제 해결을 위해 노력해온 정치인으로서 통한의 극치"라고 주장했다.[214] 아베 총리는 납치 일본인 문제에 대해 아무런 성과를 거두지 못한 것이 향후 자신의 정치 행보에 큰 부담이 될 것임을 분명히 인식하고 있는 것으로 보인다.

북일 간 대화 분위기 조성을 위한 사전 준비작업의 일환으로

---

213) 산케이신문, 2019.5.19.
214) 산케이신문, 2019.5.2.

일본은 2019년 9월 일본의사회 대의원회 회장을 단장으로 한 방북단을 보내 북한에 대한 의료지원을 협의하고 나섰다. 또 1990년대 북일관계 개선에 나섰던 가네마루 신(金丸信) 전 자민당 부총재의 아들인 가네마루 신고(金丸信吾)도 비슷한 시기에 방북해 북한 당국자들과 만남을 가졌다.[215]

아베 내각의 이러한 조치들은 남북, 북미, 북중 간에는 정상회담이 열리는 데 반해 일본은 소외되고 있는 현 상황을 타개해, 북일 간 관계 개선을 이뤄 일본의 정치경제적 이익을 도모하려는 것이다. 한편 아베 내각의 숙원사업인 납치 피해자 문제에 대해 진전을 이뤄 아베 총리의 정치적 득점을 극대화하려는 의도하에서 진행되고 있는 것으로 풀이된다.

아베 총리에게는 북한 납치 일본인 문제에 비해서는 정치적 중요성이 덜하지만, 러시아와 쿠릴열도 4개 섬(일본 측 주장 북방영토) 현안에[216] 대한 아무런 성과가 없는 것도 아베 내각에게는 부담이 아닐 수 없다. 아베 내각뿐 아니라 역대 일본 정부는 예외 없이 러시아로부터 4개 섬 모두, 아니면 최소한 지리적으로 더 가까운 2개 섬이라도 반환을 받고자 했다.

---

215) 니혼게이자이신문, 2019.9.14.
216) 일본은 1855년 제정 러시아와 맺은 '러일 통호조약'을 근거로 4개 섬이 일본의 영토라고 주장한다. 그러나 러시아는 이들 섬은 1951년 샌프란시스코 강화조약으로 합법적으로 승전국인 러시아에게 귀속되었다고 말한다. 1956년 구 소련과 일본은 '평화조약이 체결되면 (4개 섬 중) 하보마이와 시코탄을 일본에 양도한다'는 공동선언을 한 바 있다.

일본 입장에서 70년 넘게 러시아가 실효지배를 하고 있는 4개 섬을 반환받지 못한 것이 아베 내각만의 책임은 아니다. 그러나 다른 정권과 달리 아베 신조 내각은 역대 최장수 총리가 이끄는 정권이다. 아베 총리에게는 오랜 기간 국정을 맡아왔으면서도 이 문제에 관해 성과물이 전혀 없는 것이 여간 신경 쓰이는 대목이 아닐 수 없다.

아베 총리는 2017년의 러·일 정상회담에서도 "러일관계의 가장 중요한 문제는 평화조약 체결"이라고 주장했으나, 러시아 측은 "(평화조약 체결은) 매우 복잡하고 민감한 이슈다. 조약 체결에 시간표는 있을 수 없다"며 느긋한 태도를 견지했다. 게다가 러시아의 드미트리 메드베데프 총리는 2019년 8월 쿠릴 4개 섬 중 하나인 이투루프를[217] 찾았다. 메드베데프는 이투루프에서 "이곳은 우리의 땅, 러시아의 주권 지역이다. 여기에 무슨 우려할 동기가 있는가"라며 러시아가 이 지역을 실효지배하고 있음을 대내외에 과시했다.[218]

2012년 한국의 당시 이명박 대통령이 (일본 입장에선 똑같이 자국의 영토라고 주장하고 있으나 다른 나라가 실효지배하고 있는) 독도를 방문했을 때, 일본은 거세게 발끈했었다. 그러나 러시아 총리의 쿠릴열

---

[217] 일본은 에토로후토(擇捉島)라고 부른다. 쿠릴열도에서 가장 큰 섬이다.
[218] 러 총리, 쿠릴 영토분쟁지 방문에도 입 다문 日, 세계일보, 2019.8.4.

도 방문에 대해서는 주일러시아 대사관 관계자를 초치해 외교적 항의를 하는 의례적 행위조차 하지 않았다. 러시아에 대해서는 철저히 저자세로 일관하고 있는 것이다.

러시아는 아베 정권이 특히 미국과의 군사협력을 강화하는 등 역대 어느 정부보다 친미적 색채를 강화하는 상황에서 일본과의 평화협정은 시기상조라는 주장을 되풀이하고 있다. 퇴행적인 근현대사 인식과 우경화 행보로 주변국들과의 불편한 관계를 자초한 아베 정권으로서는 미국과의 관계에 더욱 매달릴 수밖에 없다. 이런 아베 정권의 자세와 행동을 이유로 삼는 러시아에 대해서는 마땅히 반박할 수단도 없어, 아베 내각은 입을 다물고 지내는 형편이다.

8
반평화적이고 불안전한 도쿄올림픽

제32회 하계올림픽이 일본 도쿄 등에서 2020년 7월 24일~ 8월 9일 열린다.[219] 일본으로서는 1964년 도쿄올림픽 이후 56년 만에 다시 올림픽 개최국이 되는 것이다.[220]

올림픽 성화 봉송은 2020년 3월26일 후쿠시마(福島)현에서 시작된다.[221] 이후 성화는 오키나와에서 홋카이도에 이르기까지 121일간 일본 47개 도도부현(都道府県. 한국의 광역지자체에 해당)을 돌게 된다.

---

219) 33개 종목에서 339개 금메달이 수여된다. 2016년 올림픽은 23개 종목에 금메달 306개였다. 출전국은 직전 대회와 비슷한 207개국이 될 것으로 전망되고 있다.
220) 개최도시는 도쿄 이외에 이바라키, 요코하마, 사이타마, 후쿠시마, 미야기, 삿포로 등이다. 2020년 8월 25일~9월 6일에는 패럴림픽이 열린다.
221) 도쿄올림픽 조직위원회 홈페이지 참조.

성화출발지가 47개 도도부현 중 왜 후쿠시마인가? 여기에서 이번 올림픽에 대한 일본의 의도를 분명히 볼 수 있다. 후쿠시마현은 사실 일본에서는 외진 곳이다. 후쿠시마는 일본 동북부 태평양에 면한 곳으로 인구, 산업, 명승지, 사적 등 어느 면으로 보나 일본을 대표하는 지역으로 보기는 아주 힘들다.

이런 후쿠시마를 전 세계에 유명하게 만든 것은 2011년 3월의 동일본대지진이었다. 후쿠시마는 지진과 쓰나미의 피해가 가장 큰 지역인데다, 지역에 있는 원자력발전소가 끔찍한 방사능 유출 사고를 일으킨 곳이다. 즉 동일본대지진이라는 엄청난 재해와 사고의 '상징'인 셈이다.

도쿄올림픽 조직위원회는 2018년 7월 후쿠시마를 성화 출발지로 최종 확정함으로써[222) 이번 올림픽을 '부흥 올림픽'으로 치른다는 뜻을 분명히 밝혔다. '잃어버린 20년'으로 지칭되는 장기간의 경기침체와 동일본대지진의 재해를 이기고 부활과 비상을 하는 일본을 대내외에 과시한다는 것이다. 여기에 한술 더 떠, 조직위는 올림픽 개막식 이전에 치르는 대회 첫 공식 경기인 소프트

---

222) 일본은 1964년 도쿄올림픽에서도 성화 봉송지에 각별한 국가적 의미를 부여하고 이를 자국의 이미지 홍보에 적극 활용했다. 64년 올림픽 성화 봉송은 오키나와에서 시작됐다. 오키나와 내 전사자추모탑에서 태평양전쟁 전쟁고아가 성화 봉화를 시작했다. 도쿄 주경기장의 마지막 성화주자는 히로시마 원폭 피폭 2세 청년이었다. 즉 일본은 태평양전쟁을 도발한 가해자적 측면은 전혀 외면한 채 전쟁 패배자로 당한 '피해자', '희생자' 이미지를 세계에 전달하고자 한 것이다. 특히 1964년의 오키나와는 미국이 공식적으로 일본에 반환(1972년)하기 이전이어서 일본의 주권이 완벽히 미치지 않았는데도 첫 성화 봉송지로 선택했다.

볼 예선전을 후쿠시마에서 개최키로 했다.

　올림픽을 개최하는 모든 나라에 있어, 올림픽은 단순한 국제스포츠 경기와 지구촌 젊은이들 화합의 대축제 마당에 그치지 않는다. 올림픽은 개최국과 개최도시의 정치, 경제, 사회적 이해가 강하게 투영되어 있는 정치적 무대이자 자국의 이익을 극대화하기 위한 외교 무대이다.

　올림픽을 국내외 정치·외교에 이용하는 것은 어느 나라나 하는 일이지만 그 활용하는 농도와 노골적인 측면에 있어, 일본은 은메달을 주면 서러워 할 국가 중의 하나다.

2020년 올림픽 유치 과정

　2013년 9월 아르헨티나 부에노스아이레스에서 열린 125차 국제올림픽위원회(IOC)총회에서는 일본 도쿄, 터키 이스탄불, 스페인 마드리드가 2020년 32회 하계 대회를 놓고 유치 경쟁을 벌였다.

　IOC위원의 1차 투표에서 도쿄가 42표를 얻어 1위를 했고, 이스탄불과 마드리드가 26표로 동수였다. 두 도시의 재투표 끝에 이스탄불이 이겨, 도쿄와 이스탄불 간 결선투표가 치러졌다. 결선에선 도쿄가 60표, 이스탄불이 36표를 받았다.

도쿄는 유치전에서 후쿠시마 원전사고로 인한 안전에 대한 우려감과 대륙별 순회개최 원칙에 따를 때 직전에 열리는 올림픽(2018년 동계 대회)이 같은 아시아권인 한국의 평창에서 개최되는 것이 마이너스 요인으로 작용했다.

그러나 2011년 그리스에서 촉발돼 남유럽을 휩쓴 금융·재정위기로 인한 스페인과 터키 경제에 대한 의구심과 터키의 반정부 시위 등 인권 문제 등이 크게 부각되면서 도쿄는 결선에서 비교적 수월하게 개최권을 따낸 것이다.[223]

이스탄불은 '유럽에 위치한 유서 깊은 도시인데다, 터키와 인근 중동지역에서 한 번도 올림픽이 열리지 않았고, 이슬람권 국가에서 올림픽을 처음으로 개최할 수 있다는 점'에서 명분상으로는 도쿄에 앞선 측면이 있었으나, 올림픽 경기장과 관련 지원시설을 충분히 감당할 수 있느냐는 의구심을 말끔히 떨쳐내지 못한 것이다.

올림픽, 특히 하계올림픽을 여는 데에는 막대한 재정이 요구된다. IOC로서는 개최지 선정과 대회 개최 사이에 5-10년이 걸린다

---

223) 당초 이탈리아의 로마도 대회 개최를 바랐으나, 2012년 마리오 몬티 수상이 경제난 등을 들어 로마시에 대한 중앙정부의 재정보증을 거부하면서 개최 희망을 접어야 했다. 당시 언론에는 2016년 하계올림픽이 미주대륙 브라질의 리우데자네이루에서 열리기 때문에, 2020년은 유럽이 유력하다는 관측이 많았다. 결국 2020년 대회는 아시아에서 개최되고, 2024년 33회 대회는 유럽인 프랑스 파리에서 열릴 예정이다. 2028년 34회 대회 개최권은 비(非)유럽인 미국 LA에 돌아갔다.

는 점을 고려할 때, 그 나라의 중장기 경제전망이 어둡다면 개최권을 주는 것은 여간 부담스러운 일이 아닐 것이다. IOC가 인권 등 국제사회의 보편적 가치를 언급하기는 하나, 이는 역대 개최도시를 보았을 때 의례적으로 하는 소리로 여기는 것이 더 타당해[224] 보인다.

즉 하계올림픽 개최권을 따냈다는 것은 그 국가의 경제전망에 대해 국제공인을 받은 셈이어서 개최국과 그 나라 지도자에게는 여간 매력적인 카드가 아닐 수 없다. 2012년 무제한 양적 완화를 핵심 공약으로 하는 '아베노믹스'를 내걸고 재차 집권한 아베 신조 총리에게 올림픽 개최권 확보는 최고의 선물이 아닐 수 없었다.

올림픽 개최지 선정의 정치적 중요성을 잘 알고 있는 아베 총리는 G20 폐회식 참석을 부총리인 아소 타로에게 맡기고, 지구 반대편 부에노스아이레스까지 날아갔다. 아베는 IOC 위원들 앞에서 직접 프레젠테이션을 하며 도쿄를 홍보했다.

총리가 총회 현장에서 홍보영상을 시연하고도 졌다면, 아베에게 정치적 책임론이 제기 될 수도 있었다. 당시 해외 유수 언론들 사이에서도 도쿄와 이스탄불의 우세가 나뉠 정도로 도쿄의 승리

---

[224] 1981년, 24회 올림픽 개최권을 획득한 한국의 당시 인권은 전두환 신군부 정권 초기 때로 국제적으로도 그 열악함이 널리 알려진 상황이었다. 2008년 베이징올림픽의 중국은 인권에 관해서는 그 당시 좋은 평가를 받는 국가가 결코 아니었으며, 2016년 올림픽을 개최한 브라질 리우데자네이루는 도시 치안 등에 있어서 좋지 않은 지적이 아주 많았음에도 개최권을 수월하게 가져갔다.

를 장담할 수 없는 상황이었다. 그럼에도 아베는 또 하나의 정치적 승부수를[225] 던졌고, 결국 바라는 결과를 얻었다.

교도통신의 보도에 따르면 개최지 선정 직후 가진 기자회견에서 아베 총리는 "올림픽을 15년 간 계속된 디플레이션에서 탈출, 일본 경제를 성장시킬 기폭제로 삼겠다. 동일본대지진을 딛고 부흥을 이뤄낸 일본의 모습을 전 세계에 알리겠다"고 했다.[226] 많은 사람들이 걱정하는 후쿠시마 원전의 오염수 유출 문제에 대해서는 "건강에 문제가 될 일은 전혀 없다"고 주장했다.

즉 아베 총리는 개최권을 따낸 그 직후부터 올림픽을 여는 목적이 '일본 부흥의 선전', '경제 성장을 이끄는 주요 수단', '후쿠시마 원전사고를 극복한 안전 일본 이미지 제고'에 있음을 분명히 한 것이다.

주한대사와 주베트남 대사를 지낸 오쿠라 가즈오(小倉和夫) 아오야마가쿠인 대학 초빙교수는 일본이 유치전 초기의 불리함을 딛고 올림픽 개최권을 확보한 요인으로 '도쿄의 안심할 수 있는 도시

---

[225] 2013년 7월의 참의원 선거와 9월의 올림픽 개최지 선정 이전에 아베 총리의 장기집권을 예상하는 견해는 아주 드물었다.
당시 일본은 1차 아베 내각(2006.9-2007.9)이 366일 만에 막을 내리는 등 아베의 2차 집권(2012.12) 직전의 총리인 후쿠다 야스오(福田康夫 · 365일), 아소타로(麻生太郎 · 358일), 하토야마 유키오(鳩山由紀夫 · 358일), 간 나오토(菅直人 · 412일), 노다 요시히코(野田佳彦 · 482일)가 연이어 1년~1년6개월 재임에 그쳐 '단명 총리'가 관례가 된 형편이었다.
[226] 동아일보, 경인일보, 2013.8.9.

환경과 일본의 효율적인 조직력을 내세운 것이 효과를 봤고 일본이 약점인 동일본대지진을 피해간 것이 아니라, 오히려 대지진 재해로부터 다시 일어나고자 하는 국민적 노력을 올림픽 스포츠맨의 도전정신과 연계시켜 홍보한 것이 설득력이 있었으며 국제사회에서는 한국 및 중국과의 긴장관계가 일본의 큰 마이너스 요인이라는 지적이 많았는데, 한국과 중국이 유치 지지는 하지 않았으나 방해를 하지 않은 것도 일본에는 도움이 됐다'고 분석했다.[227]

이밖에도, 총출동한 아베 내각은 물론 왕실까지 나선 일본의 로비력과 잘 갖춰진 교통 인프라, 그리고 경제적 불안정에 시달리는 마드리드와 반정부 시위 등으로 안전에 우려감이 든 이스탄불과 달리 불안요인이 적은 점도 도쿄 유치 성공의 요인으로 꼽고 있다.[228]

올림픽 준비와 제기되는 문제점

세계 3위의 경제대국이고 세계 어느 나라에 뒤지지 않는 교통수준과 치안능력을 갖춘 일본이 제때에 대회 경기장 시설을 신

---

[227] 2020올림픽 유치 - 도쿄는 왜 이겼는가 -, 닛폰닷컴, 2013.9.13.
[228] 2020년 도쿄올림픽 유치에 성공한 5가지 이유, 골드페가수스, 2019.10.3.

축·정비하고 선수와 관람객 등을 위한 인프라를 갖추는데 있어 큰 문제를 빚을 것으로 보는 시각은 거의 없다. 해외 언론이나 일본 언론 등에서 이 부분에 대한 지적은 없다고 해도 과언이 아닙니다.

일본 언론 등에서 가장 쟁점이 되는 부분은 비용 측면이다. 도쿄올림픽 조직위원회는 당초 중앙정부 지출, 도쿄도(東京都) 분담분, 조직위원회 분담분을 포함해 올림픽 총 경비(장애인올림픽 포함)를 1조 3500억 엔(약 14조 9,000억 원)으로 내다봤다. 이 중 국가 분담 비용은 1,500억 엔(약 1조 6,000억 원)으로 추산했다.

그러나 일본 회계검사원이 올림픽 준비상황과 관련해 조사한 결과, 최근 5년간 국가가 도로 인프라 정비, 보안강화와 열사병 예방 등에 쓴 돈은 당초 예상의 5배가 넘는 8,011억엔(약 9조원)으로 조사됐다.[229]

니혼게이자이신문도 최근 보도를 통해 도쿄도가 올림픽을 위해 1,375억엔 (약 1조5천억원)을 들여 6개의 새로운 경기장을 건설했으나 대회 후 적자를 보지 않을 곳은 1개 뿐으로, 관리유지 비용 등으로 매년 11억엔(약 120억원)의 손실을 볼 것으로 전망했다.[230]

---

[229] 도쿄올림픽 파라 경비 3조엔 넘나, 검사원지적 국가지출 8011억엔으로 늘어났다. 산케이신문, 2018.10.4.
[230] 올림픽 신시설, 대회 후의 시계 맑지 않고 흑자 전망 1시설, 니혼게이자이신문, 2019.6.22

일본인들 내에서는 올림픽 기간 전이나 기간 중의 테러 발생, 재정적 부담, 관광객 증가로 인한 주변 환경 악화 등을 걱정하는 목소리가 높다. 일본 라인 리서치가 올림픽 개최 1,000일을 앞둔 2017년 10월 15-69세의 일본인 52만 3천여 명을 상대로 조사한 결과는 아래와 같다.[231]

도쿄올림픽·장애인올림픽에 대해 불안하다고 생각하는 것과
정부와 자치단체가 대책을 세워야 하는 일

순위	불안하게 생각되는 일	대책을 세워야 하는 일
1	테러의 발생	범죄. 테러 대책
2	거액의 예산투자. 재정의 부담	수송 (도로, 철도, 항공)망 정비
3	쓰레기의 증가와 쓰레기 버리는 예절 악화	재해의 대책
4	범죄의 증가. 치안의 악화	외국인 여행자에의 대응 (표지, 음성의 다언어 대응, 보편적인 설계 등)
5	불필요한 시설의 건설	무료 와이파이 환경의 정비

일본인들과 달리 일본 밖에서는 후쿠시마 방사능 누출에 대한 안전성과 올림픽을 국제정치적으로 이용하려는 일본의 시대착오적 발상과 행동에 대한 지적이 많다.

---

231) 올림픽/페럴림픽에 대한 조사(2017년 10월 실시), 라인리서치 공식 블로그, 2017.12.16.

올림픽 야구와 소프트볼 경기장이 후쿠시마 원전사고가 난 곳과 70여km밖에 떨어져 있지 않아 출전한 선수들의 건강에 대한 우려가 제기되고 있는 것이다. 또 선수촌 선수들 식단에 후쿠시마산 식자재를 쓰겠다는 것에 대해, 일본 정부가 과학적이고 합리적인 검증 절차에 따라 안전하다는 결과물을 먼저 내놓아야 한다는 주장이 일고 있다.

이러한 우려를 반영, 대한체육회는 2019년 8월 도쿄에서 열린 선수단장 회의에서 후쿠시마 인근 지역 경기장의 방사능 안전 문제와 선수식당 식자재 공급 문제 등을 도쿄올림픽 조직위에 공식 질의했다.[232] 이에 대해 조직위는 안전 문제에는 이상이 없으며 방사능으로부터 안전한 식품 보급을 위해 힘쓰고 있다는 뻔히 예상되는 답변을 내놓았다.

이날 회의에서 각국 참가자들은 방사능 문제에 대한 지적 외에도 살인적인 폭염, 경기장 수질 문제에 대한 대책을 묻는 질문을 쏟아냈다. 올림픽을 1년 앞두고 최근 개최된 각 종목의 테스트 대회에서 무더위에 대한 우려를 제기하는 선수들이 많았기 때문이다. 또 회의에서는 지진이 일어났을 때 각 경기장의 피난 경로에 대한 검토 상황을 확인하는 질문도 나왔다.[233]

---

232) YTN, 2019.8.20.
233) 대한체육회, 선수단장 회의서 '후쿠시마 식품' 안전 문제 제기, 연합뉴스, 2019.8.20.

도쿄올림픽 조직위는 공식 홈페이지의 성화 봉송로 지도에 독도와 남쿠릴열도 4개 섬을 일본의 영토로 표기했다. 이에 대해 한국과 러시아가 공식 항의하는 등 문제 제기를 하고 나선 것이다.

한국 외교부는 2019년 7월 "2018년 평창동계올림픽 때 '올림픽 정신에 반한다'는 일본측의 항의가 있어 (독도 표시를) 삭제했었다"며 "(이번에) 독도가 일본의 영토인 것처럼 기재돼 유감"이라고 주한 일본대사관에 항의했다. 외교부는 문제가 된 지도에 지명은 표기되지 않았지만 독도로 보이는 표시가 있어 시정을 촉구한 것으로 알려졌다.

이에 대해 일본 정부 대변인인 스가 요시히데(菅義偉) 관방장관은 "한국 측으로부터 주한 일본대사관을 통해 항의를 받은 것은 사실"이라며 "(한국 주장을) '결코 받아들일 수 없다'는 입장을 전달했다"고 말했다.[234]

러시아가 지배하고 있는 남쿠릴열도 4개 섬을[235] 같은 홈페이지 성화 봉송 지도에 일본 땅으로 표기한 것에 대해 러시아 외무

---

[234] 일본, 도쿄올림픽 사이트에 독도를 자국 영토처럼, 한국일보, 2019.7.24.
[235] 홋카이도 북동쪽의 쿠나시르, 이투루프, 시코탄, 하보마이의 4개 섬이다. 러시아는 남쿠릴열도라 부르고, 일본은 하보마이(齒舞), 시코탄(色丹), 구나사리(國後),에토로후토(擇捉)라고 하며 북방영토라고 칭한다. 이 섬들은 근대 이전 러시아의 영토도 일본의 영토도 아니었다. 러일전쟁 후에 일본의 영토로 되었고, 2차 세계대전 후에는 러시아 땅이 됐다.
일본 내에서는 홋카이도와 상대적으로 더 가까운 시코탄과 하보마이의 2개 섬을 먼저 돌려 받자는 움직임과 4개 섬을 일괄해 받아야 한다는 주장이 엇갈리고 있는 실정이다. 러시아는 한때 경제난 등으로 댓가를 받고 2개 섬을 일본에 주겠다는 움직임도 있었으나 최근에는 러시아 영토라는 입장을 확고히 하고 있다.

부 대변인은 "우리는 이런 행동이 불법이라고 생각한다. (이런 행동은) 상황을 망칠 뿐"이라고 말했다. 프라우다 등 러시아 언론은 "러시아가 쿠릴열도 문제 때문에 도쿄올림픽 보이콧을 고려할 수 있다"고 전했다. [236]

올림픽 보이콧 적극 검토

도쿄올림픽을 보이콧 하자는 주장의 근거는 크게 두 가지이다. 첫째로 후쿠시마 원전 방사능 누출과 그 여파로 인해 선수와 관람객의 확실한 안전을 보장할 수 없다는 것이고, 다른 하나는 조직위가 공식 홈페이지에서 독도로 추정되는 섬과 남쿠릴열도 4개 섬을 일본의 영토로 표기하는 등 올림픽을 자국의 정치외교적 이익을 위한 선전의 무대로 삼는다는 것이다.

올림픽 보이콧의 시발점은 1936년 베를린올림픽이었다. 1차 세계대전의 패전과 뒤이은 극심한 인플레이션으로 고통을 받던 독일 경제는 1930년대 들어 본격적인 회복 조짐을 보였다.

집권자 아돌프 히틀러는 올림픽을 독일 부흥과 아리아인의 우

---

236) JTBC, 2019.8.10.

수성을 과시하는 거대한 정치선전장으로 삼고자 했다. 올림픽 최초로 그리스 올림피아에서 채화된 성화를 베를린까지 7개국 3,000여 명의 주자에 의해 봉송하도록 했다. 대회 개회식에는 나치의 상징 깃발을 단 거대한 비행선이 메인스타디움 상공을 맴돌며 위용을 뽐냈다. 거액을 들여 관람객 10만 명 규모의 거대한 스타디움을 건설하기도 했다.[237]

49개국이 참가한 이 대회에서 독일은 종합 우승을 차지하게 된다. 독일인의 자부심과 히틀러 정권에 대한 지지도는 한껏 올라갔다. 결국 3년 뒤 독일은 2차 세계대전을 일으키게 된다.

히틀러의 독일은 올림픽을 준비하면서 유대인과 집시 등 아리아인이 아닌 선수들은 기량이 뛰어남에도 불구하고 대표팀에서 대거 축출했다. 이에 대한 강한 항의 차원에서 미국을 중심으로 대회 보이콧이 제기됐다.

그러나 1935년 12월 미국 아마추어 선수들이 투표를 통해 1936년 대회참가를 결정함으로써 보이콧은 무산됐고, 일부 유대계 선수들은 개인 차원에서 대회 불참을 결행하는데 그쳐야 했다. 1976년 캐나다 몬트리올올림픽 때는 인종차별에 대한 IOC의 미온적 태도에 항의해 아프리카 20여개국이 불참했다.

---

237) 아베의 올림픽, 한국일보, 2019.7.31.

1980년 모스크바 대회 때는 그 전해에 있었던 소련의 아프가니스탄 침공에 반발해 미국을 필두로 60여 개국이 대회 참가를 거부했다. 한국도 그중 한 나라였다. 4년 뒤인 1984년 LA대회 때는 1980년 대회 불참에 대한 보복으로 소련을 비롯한 15개 나라가 대회에 선수단을 보내지 않았다.

일본 아베 정권의 그릇된 역사인식과 경제보복 조치에 대한 반발과 선수단 등의 안전에 대한 우려 등으로 올림픽 보이콧을 찬성하는 국민들이 많다. 한 여론조사에서는 '추가 안전조치가 없으면 보이콧해야 한다'는 의견이 68.9%로 나타나기도 했다.[238]

올림픽 보이콧은 어느 한 국가만의 행동이어서는 안 된다. 철저하게 국제적 연대 속에서 접근해야 한다. 후쿠시마 원전 방사능 유출 등으로 인한 선수단과 관람객의 안전 우려를 제기하는 것은 당연한 일이다. 그렇지만 방사능에 대한 걱정은 한국 선수단만의 문제는 결코 아니기 때문이다.

국제사회 그리고 일본의 양심적 세력들과 함께, 철저하게 과학적인 근거를 바탕으로 후쿠시마 방사능의 문제점을 지적하고 합리적 의심의 토대 위에서 일본측에게 명확한 해명을 요구하고, 이에 대해 아베 정권이 설득력 있는 설명은 내놓지 못한 채 올림

---

238) 리얼미터 조사, CBS라디오, 2019.8.5.

픽을 '후쿠시마 방사능'에 대한 면죄부로 삼으려 한다면, 이때는 단호하게 보이콧을 주장하는 것이 타당해 보인다.

일본 측이 주장하는 '안전 올림픽'을 반박할 수 있는 객관적이고 합리적인 과학적 근거를 제시하고 이 주장이 국제사회의 동조를 얻을 수 있는 분위기가 조성될 때 보이콧은 실행되어야 한다는 것이다.

올림픽 헌장 51조는 '어떤 종류의 정치 종교 인종차별적 선전도 금지한다'고 되어 있다. 일본이 이를 명확히 어기고 올림픽을 독도와 남쿠릴열도 4개 섬을 자국의 영토로 주장하는 선전장으로 활용한다면, 이에 대해 한국은 단호하게 맞서야 한다.

일본이 도서(島嶼)와 관련, 영유권 분쟁을 빚는 곳은 독도와 남쿠릴열도 이외에도 댜오위다오(釣魚島, 일본명 센카쿠열도(尖閣列島))가 있다. 독도, 남쿠릴과 달리 센카쿠는 일본이 실질적 지배를 하고 있다.

실효지배를 하고 있는 국가는 그곳을 국제 분쟁지역으로 만들지 않는다. 일본은 올림픽을 통해 '댜오위다오'를 결코 꺼내지 않을 것이다. 반면 실효지배를 못하는 독도와 남쿠릴만 제기함으로써 국제 분쟁지역화 하려는 것이다.

일본은 2000년대 초반까지만 해도 총리, 관방장관, 외무장관은 국제관계를 생각하여 우익적인 발언과 행동은 극도로 자제하는 것이 관례였다. 그러나 지금은 역사퇴행적 발언과 행동을 함으로써 국제관계를 해치는 우경화 행동이 경쟁적으로 나타나고 있고, 이런 행동들이 애국주의로 치부되는 경향마저 나타나고 있다.[239]

이런 상황에서 올림픽에 대한 관심이 고조될수록 올림픽을 이용해 독도 등에 대한 일본 정치인들의 우경적 발언과 행동이 등장할 가능성은 상당하다. 이 문제에 대해서만은 한국은 철저히 러시아와 공조하는 것이 타당하다고 본다. 공조를 통해 국제평화와 2차 세계대전 후의 전후질서를 위협하는 일본의 퇴행적 행위를 철저히 문제 삼아야 한다고 본다.

군국주의적 침략의 상징인 욱일기가 나부끼는 경기장에서 올림픽을 즐겨서는 안 된다. 과거의 잘못된 침략에 대한 면죄부를 받고자 하는 일본 보수의 의도에 말려드는 꼴이기 때문이다. 또 방사능으로부터 안전이 과학적으로 확실히 보장되지 않는다면 도쿄에서 올림픽이 열려서는 안 된다.

일본이 욱일기를 내걸지 않겠다는 다짐을 하지 않는다면 동아시아인들은 올림픽 보이콧을 해야 한다. 그것이 아베 총리와 보수 우익에 대한 국제사회의 엄중한 경고이며, 동아시아의 항구적인 평화를 이끄는 길이다. 또한 일본이 안전한 올림픽을 과학적으로 증명하고 전 세계 과학자들의 검증을 수용하지 않는다면,

---

[239] 진창수, 「일본 정치권의 변화와 아베 정권의 역사 인식」, 『일본 아베 정권의 역사 인식과 한일관계』, 동북아역사재단, 2013.

관람객들 뿐 아니라 선수들의 불참도 적극 고려해야 한다. 세계인들의 건강을 희생해 가며 방사능에 대한 면죄부를 받고자 하는 일본의 잘못된 행동에 박수를 보낼 수는 없기 때문이다.

도쿄올림픽이 정상적으로 치러진다면 한국은 2019년 3월 IOC 집행위원회로부터 승인받은 여자농구, 여자하키 등 4개 종목의 단일팀 구성을 꼭 성사시켜야 한다. 가능한 많은 종목에서 남북 단일팀이 구성되어야 하고 공동 응원단도 구성되어야 한다.

도쿄올림픽에서 남과 북은 하나가 되고 함께하는 모습을 보여야 한다. 남북한이 세계적인 지지와 환호를 받는 무대로 삼아야 할 것이다. 2020년 올림픽은 도쿄에서 열리지만, 지구촌 평화축제로서의 국제 외교적 성취는 일본이 아니라 오히려 남북이 가져갈 수 있도록 속히 지혜를 모으고 행동으로 결집해야 한다고 본다. 그간 문재인 정부가 지속적으로 펼쳐 온 남북 화해 협력의 노력들은 남북이 함께 올림픽을 통해 민족의 앞날을 위한 소중한 성과를 낼 수 있는 믿음직한 토대가 될 것이다.

에필로그

사랑하면 알게 되고
알게 되면 보이나니
그 보이는 것은 예전과 같지 않음이라.

유홍준 선생이 쓴 나의 문화유산답사기에 나왔던 글입니다. 원문은 조선 정조 때의 문장가 유한준의 말입니다. 제가 좋아하는 이 말을, 이 책을 쓰면서 태클을 좀 걸었습니다. 사랑하면 알기 싫어도 알게 됩니다. 이건 사람도, 나라 사이에도 당연한 얘기입니다. 하지만 나라 간의 관계에서는 미워할수록 알아야 되는 게 불문율입니다. 중국, 러시아, 북한은 미워할 대상이 아니라 알아야 할 대상입니다. 특히 아군과 우군과 적군의 경계가 점점 사라

져가는 요즘의 국제관계에서는 모든 나라가 알아야 할 대상입니다. 군이 손자의 지피지기를 언급하지 않아도 말입니다.

우리와 가장 가까이에 사는 일본은 이사 가지 않습니다. 대한민국 역시 이사 가지 못합니다. 한일(韓日)은 미우나 고우나 영원히 그 자리에서 살아야 되는 이웃입니다. 그러니 이 사랑하지 않는(?) 이웃을 좀 더 알아야 하겠습니다. 뭘 좀 알아야 관계 개선을 하든지, 정신 차리게 할 수 있지 않겠습니까. 결국 이 책의 목표는 한마디로 이렇습니다.

미워할수록 알아야 되고,
알게 되면 보이나니
그 보이는 것은 예전과 같지 않음이라.

저는 이 책을 쓰면서 마지막에 목표를 약간 수정했습니다. '일본의 정확한 실상을 알리자'라는 목표 외에 다른 욕심이 생겼습니다. 정확하게 말씀드리면, 이 책의 마지막을 정리하던 중에 우연히 지인으로부터 날아온 BTS 동영상을 보고 목표를 수정했습니다. 이 동영상은 독일의 오디션 프로그램을 배경으로 합니다. 한 독일 소녀가 한국말로 BTS의 '전하지 못한 진심'을 불러서 심사위원들의 극찬을 받습니다. 심사위원들은 처음에 어느 나라 말

인지 몰랐습니다. 노래를 부른 소녀에게 물었습니다. 어느 나라 말이냐고, 어떻게 그 나라 말을 할 줄 알게 됐냐고 말입니다. 소녀가 대답했습니다. 자기는 BTS의 광팬인데 너무 좋아해서 노랫말을 한국어로 외웠다고 했습니다. 지금도 유튜브에 보면 BTS의 많은 동영상이 떠돌아다닙니다. 거기에 보면 영어 자막이 달려 있습니다. 이 영어 자막은 기존 자막과 다릅니다. 우리말을 소리 나는 대로 표기한 영어 자막입니다. 이를테면 사랑을 sarang으로 표기합니다. 이렇게 전 세계 BTS의 팬들은 우리말을 접하고 배웁니다. 아마도 세종대왕께서 보셨다면 참 흐뭇해하실 영상입니다. 관심 있으신 분들은 감상해보시길 권합니다.

 미국 언론은 BTS를 예전 비틀즈의 미국 침공에 비견하고 있습니다. BTS의 티켓이 영국 소년의 잊을 수 없는 생일 선물이 되고 있는 현실입니다. 독일 소녀가 우리말로 독일 오디션프로그램에서 노래를 불러 박수를 받고 있는 현실입니다. LA에서 그들의 콘서트를 보기 위해 미국 젊은이들이 밤새워 줄을 서고 있는 현실입니다. 이 현실이 모두 꿈만 같습니다.

 BTS는 그들의 춤, 리듬, 가창만으로도 충분히 인정을 받고 있습니다. 그들이 발신하는 메시지는 세계의 젊은이들에게 위로와 돌파구가 되고 있습니다.

그동안 BTS를 자세히 몰랐던 저는 이 젊은이들의 인기를 실감하고 노래를 찾아보면서 BTS가 한일관계의 새로운 단초가 될 수 있겠다는 생각을 했습니다. BTS가 과거 발표한 'Ma City'라는 노래는 5.18 광주민주화운동을 언급하고 있습니다. 이 노랫말의 의미를 해석하기 위해 '광주민주화운동을 공부하는 외국인 아미(방탄소년단 팬클럽)도 늘었다고 합니다. 심지어 일부 외국 팬은 실제로 광주의 5.18 묘역을 참배했다는 소식도 들립니다.

만약 BTS가 강제징용, 또는 위안부, 독도 문제에 관해서 노래를 만들고 불러준다면, 그리고 전 세계 아미들이 그 노래를 따라 부르고 역사 공부를 하게 된다면, 어쩌면 일본 외부의 힘으로 일본 내부를 움직일 수 있는 유일하면서 가장 강력한 방법이 아닐까 생각합니다. BTS 팬클럽 '아미'는 150만 명이라고 합니다. 비공식 집계는 더 엄청날 것입니다. 그리고 수십억 뷰에 이르는 BTS 유튜브 조회 수는 세계인구보다 많습니다. 당연히, 일본 젊은이들에 대한 파급효과 또한 엄청날 것입니다. 그들이 갖고 있는 우리와 일본의 역사 현안에 대한 인식도 바꿔 줄 것입니다. 그들이 잘못 배운 일본 역사에 대해서 의심하고 교정할 것입니다.

세계적인 정치학자 조지프 나이는 나라의 힘, 국력의 척도를 이렇게 재자고 했습니다. 그 나라가 소프트 파워를 가지고 있는

가? 그 나라가 하드 파워를 가지고 있는가? 새로운 세기의 국력은 어느 한쪽의 힘만 있어서는 곤란하다는 얘기입니다. 미국의 힘은 군사력인 하드 파워에서만 나오는 게 아닙니다. 그들에게는 헐리우드 문화를 필두로 해 스포츠 산업, 음악, 미술, 건축 등의 소프트 파워가 있습니다. 한때 제국이었던 영국의 힘은 소프트 파워인 영어와 하드파워인 해군이었습니다. 과거는 하드파워의 시대였습니다. 하지만 현재와 미래는 소프트 파워가 국력의 척도가 될 것입니다.

우리가 과거 일본처럼 왜곡된 역사를 바로잡기 위해 일본을 침략할 수는 없습니다. 그 대신 침투는 할 수 있습니다. 군사력으로 침략이 아닌, 문화력으로 침투 말입니다. 조지프 나이의 견해를 따르자면 소프트 파워의 힘을 활용하거나 높여서 주변국들에게 영향을 주자는 것입니다. 그렇다면 우리가 세계에 영향력을 끼칠 수 있는 소프트 파워가 있는가?

있습니다! 대한민국에는 BTS가 있습니다. 위에서 언급한 BTS가 단군 이래 최강의 소프트 파워입니다. BTS를 통해 뭘 할 것인가? 이 대답이 뒤늦게 '추가된 목표'입니다. 그 목표는 '친한(親韓) 인프라 구축'입니다. 지금도 세계 곳곳에 BTS로 인해 '친한(親韓) 인프라'가 건설 중에 있습니다.

현시점에서 친한(親韓) 인프라가 가장 필요한 곳은 일본입니다. 한일 양국을 보면 우리나라에는 보이지 않지만 존재하는 '친일(親日) 인프라'가 있습니다. 하지만 일본에는 친일(親日) 인프라만큼 구조적이고 뿌리 깊은 '친한(親韓) 인프라'가 없습니다.

BTS라면 가능합니다. BTS라면 일본의 미래인 청소년들에게 영향을 끼칠 수 있기 때문입니다. 일본 정부의 탄압이나 방해가 있다면 전 세계 아미들이 똘똘 뭉쳐서 방어하고 공격할 수 있기 때문입니다. 부디 BTS가 전향적인 시각을 갖고 이 프로젝트에 관심을 가져줬으면 하는 바람입니다.

'오직 한없이 가지고 싶은 것은 높은 문화의 힘이다'

조지프 나이의 소프트 파워, BTS의 문화력이 나오기 오래 전에 이렇게 외쳤던 분이 계십니다. 우리가 잘 아는 백범 김구 선생입니다. 선생의 '세상에서 가장 아름다운 나라'는 문화의 힘이 높은 나라였습니다. 지금으로부터 80여 년 전 그 암울한 시절에 소프트 파워의 가치를 알고 미래를 예측하셨습니다.

마침 BTS도 올 초에 어느 시상식에서 이런 말을 했습니다.
방탄소년단의 리더 RM의 수상소감입니다.

"많은 문화계 종사자들이 여기 와 계신데, 김구 선생이 말씀하신 '오직 갖고 싶은 것은 높은 문화의 힘이다'라는 말이 생각난다. 문화를 향유하면서 사람이 사람다워진다고 생각한다. 그 힘이 우리가 하는 음악에 많은 영감을 주고 있다."

이렇게 볼 때 아베의 '아름다운 나라'라는 비전은 참 허무하고 얄팍합니다. 소프트 파워의 시대에 하드 파워 국가로 퇴행하겠다는 선언일 뿐입니다. 한 나라의 리더가 한 그룹의 10대 리더보다 못한 인식을 드러내고 있습니다.

저는 이 책의 제목을 '아베의 아름다운 나라?'라고 붙였지만, 실상 이 책의 의미와 가치는 김구 선생의 '아름다운 나라'에 두고 있습니다.

아베가 쓴 책 '아름다운 나라'는 반(反)평화적이고, 반(反)인권적이며, 반(反)역사적입니다.

이 사실을 알리고 싶었습니다. 또한, 김구 선생의 아름다운 나라도 환기시키고 싶었습니다. 선생의 아름다운 나라는 평화적이고, 이웃에 곁을 내주고, 사랑을 배양할 수 있는 문화국가입니다. 이 비교를 통해 우리는 아베의 아름다운 나라에 속지 말고, 그 가면 뒤에 숨은 아름답지 않은 얼굴을 직시해야겠습니다.

부디 아베의 아름다운 나라가,
김구 선생의 아름다운 나라가 되기를 바라며,
하늘에 계신 저의 아버님 故 강신경 목사님을 기리며,
조심스럽게 이 책을 바칩니다.

2019년 12월 강성종

별첨 1.
2019년 7월 이후 한일관계에 대한 외국 언론 등의 시각

① 일본에서 본 한일관계

"한일 정보협정 - 대립 확대의 사슬을 끊어야"

(아사히 사설, 2019. 8. 24.)

한국 정부가 지소미아를 파기하기로 했다. 북한과의 화해 노력은 높이 평가하지만 희망과 현실을 혼동해서는 안 된다. 북미 정상회담 뒤에도 북한의 군사적 위협은 달라지지 않았다. 문재인 대통령의 이번 결정 뒤에 북한을 배려하려는 마음이 있었다면 일-미와 한국 사이에 심각한 균열을 만드는 것이라 하지 않을 수 없다.

미국 또한 일-한을 상대로 안보와 교역에서 일방적인 요구를 반복해왔다. 이번 한국의 판단 배경에는 미국 스스로 초래한 위신저하도 깔려 있다.

역사 문제에서 경제, 안보로 퍼져가는 대립의 연쇄를 끊지 않으면 안 된다. 그러려면 보복전쟁의 기저에 깔린 징용자 문제를 조금씩이라도 진전시켜야 한다.

"대(對)한국 수출 엄격화 - 문 정권은 신뢰할만한 행동을 해야"

(요미우리 사설, 2019.7.6.)

일본 정부가 3개 품목의 수출 관리를 엄격하게 하고 화이트 리스트에서 한국을 배제하는 절차 착수. 수출 절차를 엄격히 한 것일 뿐, 중국이 일본으로의 희토류 수출을 줄여 세계무역기구(WTO) 규정 위반 판정을 받았던 사례와는 다르다.

사태를 악화시킨 책임은 문재인 정권에 있다. 한국 대법원의 판결 뒤 문제를 방치하고, 한일협정을 위반한 것이라는 일본의 호소에 귀를 기울이지 않았다.

다만 3개 품목 수출 절차가 길어지면 결과적으로 한국 제품을 쓰는 일본 기업에 영향을 줄 가능성. 일본 정부는 추이를 신중하게 파악하고 기동적으로 대응해야 한다.

한국에 꾸준하고 강하게 대화를 제의할 필요도 있다.

"한국 대통령 연설 - 관계 회복의 구체적인 방안이 보이지 않는다"

(요미우리 사설, 2019.8.16.)

문재인 대통령은 '광복절' 기념식 연설에서 "지금이라도 일본이 대화와 협력의 길로 나온다면 기꺼이 손을 잡겠다"고 강조했다. 관계가 악화된 원인이 일본에 있다는 듯한 언사는 받아들여질 수 없다. "자국이 우위에 있는 부문을 무기로 삼는다면 자유무역 질서가 무너진다"고 말한 것도 빗나간 비판이다. 한국 정부가 먼저 무역관리체제를 손보고 일본과의 신뢰관계를 회복하려 노력하는 것이 마땅하다.

문 대통령은 '도둑과 적반하장', '일본을 이길 수 있다'면서 국민의 반일감정을 부추겼다. 일본과의 원활한 의사소통을 모색하는 자세와는 거리가 멀다. 문제는 한국 정부가 징용자 배상 판결의 뒷수습을 하지 않은 것이다. 대일관계 개선을 바란다면 일한 청구권·경제협력 협정을 존중해야 한다.

이번 연설은 현실을 직시하지 않은 채, 남북 간 경제협력으로 '평화경제'를 시작하면 '통일은 자연히 현실이 될 것'이라는 민족주의에 기반한 달콤한 인식으로 일관했다. 그러나 북한은 탄도미사일을 거듭 발사하며 한국을 흔들고 있다.

"글로벌 시각: 일본은 한국과의 울타리를 수리해야 한다"
(이오키베 마코토 아시아조사회장, 마이니치, 2019.9.22.)

과거 한국 정부는 국민들의 반일감정이 폭발하지 못하게 억눌렀다. 사토 에이사쿠 총리를 비롯한 일본의 보수 정치인들도 한국을 조심스럽게 대했다. 나카소네 야스히로 총리는 방한 때 경협 패키지를 들고 갔고 무라야마 도미이치 총리 등은 일본의 한국 통치를 공식 사과하고 아시아 여성기금을 만들었다. 하지만 그런 제안들은 한국인들의 마음을 움직이지 못했다. 한국인들이 일본의 진실성을 의심할수록 일본에서는 한국에 대한 분노가 커졌고 훗날 혐한과 증오 발언의 바탕이 됐다.

새로운 단계에 접어든 것은 김대중 대통령 때이다. 김 대통령은 1998년 일본을 방문해 오부치 게이조 총리와 미래지향적 관계에 합의했고, 문화개방 정책으로 두 나라는 더 가까워졌다. 한국 드라마가 일본에서 인기를 끌고 친한(親韓) 정서가 퍼졌다. 반면 고이즈미 총리의 야스쿠니 참배나 이명박 대통령의 독도 방문 등은 국내 정치적인 이유로 양국 정치인들이 신중치 못한 행동을 한 사례이다.

아베 총리는 "한국이 협정을 무효화할지 모른다"며 당초 위안부 협정에 부정적이었으나, 결국 박근혜 정부와 협정을 맺었으며 지소미아도 체결했다. 그런데 문재인 대통령은 과거와 현재의 이슈를 구분한 '투트랙 접근'을 추구한다 했지만 기본적으로 과거지향적이었다. 화해치유재단을 해산했고, 위안부 이슈를 풀려는 일본의 노력을 거부했다. 해상자위대 함정들이 욱일기를 게양하는 것에 반대하고, 자위대 초계기에 한국 군함이 사격 통제 레이더를 쏘게 하는 등 비타협적인 태도를 보였다.

징용자 배상 문제의 '완전하고 최종적인' 해소를 규정한 1965년 한일협정과 대법원 판결 사이의 간격을 해소하는 것은 한국 정부의 책임이다. 전후 일본 정부는 과거에 얽매인 한국의 행태를 참아 왔으나 아베 정부는 반격을 시작했다.

여론은 아베의 조치에 긍정적이지만, 그 조치들이 실질적으로 가져온 효과는 한국 여행객 급감, 양국 교역 축소, 문재인 정부의 지소미아 파기다. 이게 일본이 원한 결과인가. 이웃을 두고 떠날 수는 없다. 양국에는 많은 좋은 사람들이 있다. 두 나라의 유대관계를 망쳐서는 안 된다.

"일한관계를 복원할 수 있을까"
(타쓰미 유키 미국 워싱턴 스팀슨센터 동아시아프로그램 코디네이터,
재팬타임스, 2019. 8. 20.)

1965년 관계 정상화 뒤 한일 간 수많은 부침이 있었지만 지금은 최소한도의 기능적 관계조차 말라붙고 감정적인 논쟁 속에 전례 없는 불확실성으로 접어들었다.

아베는 2006년 첫 집권 때 한국을 첫 방문국으로 택했고 한국을 일본의 '가장 중요한 이웃'이라 부르며 '미래지향적인 파트너십'을 말했다. 국정연설에서 해마다 한국이 일본의 '가장 중요한 이웃'이라는 표현을 빼놓지 않았다. '최종적이고 불가역적인' 합의로 위안부 문제에 대한 일본 정부의 태도에도 변화를 가져왔다.

역사 문제를 끝내려던 아베의 희망은 2017년 문재인 정부 집권

과 함께 무위로 돌아갔다. 2018년 말미에 벌어진 두 사건 때문에 관계는 더 냉각되고 말았다. 두 사건은 한국 정부가 대법원의 징용자 배상 판결을 막지 못한 것, 한국 군함과 해상자위대 초계기가 마찰을 빚은 것을 양국 군사당국이 해결하지 못한 것이다.

양국관계의 바닥이 보이지 않는다. 더 우려스러운 건, 그동안 정치적 긴장이 고조됐을 때 양국관계를 안정시키는 데에 도움을 주던 정부와 사회 부문들마저 작동하지 않고 있는 점이다.

특히나 지금은 동맹을 거래상대 정도로만 보는 인물이 미국 대통령이다. 시점이 나쁘다.

"일본과 한국 간의 진짜 문제는 신뢰다"
(고노 다로 일본 전 외상, 블룸버그통신, 2019.9.4)

핵심은 1965년 두 주권국가 사이에 맺어진 약속이 지켜질 것인가 하는 점이다. 청구권협정에 따라 양국은 재산·청구권 문제가 '완전히, 최종적으로 해결' 된 것을 확인했다. 당시 '한국 측의 대일 청구 요강' 8개 항목에는 징용자 피해 보상도 있었다. 일본은 개인에게 지불할 것을 제안했으나 한국은 국가가 받아 분배한다고 명시했다. 2005년 8월 한국 정부는 일본으로부터 받은 3억 달러에 강제동원에 관한 역사적 피해 보상도 포함돼 있음을 재확인한 바 있다.

한국 대법원 판결은 1965년 협정을 위반하는 것이었으나 한국 정부는 이런 상황을 시정하기 위한 어떤 구체적인 조치도 강구하지 않았다. 50년 넘게 이어진 약속을 한국이 일방적으로 뒤집은 것이 문제의 본질이다.

최근 일본이 한국의 수출관리 운용을 문제 삼은 것이나 화이트 리스트 배제는 이 문제와는 무관하다.

"기미야 다다시 도쿄대 교수 인터뷰"

(경향신문, 2019. 10. 3.)

한일관계가 냉전 시대에는 비대칭적·상호보완적 관계였으나 냉전 종식 이후, 특히 2000년대 들어 대칭적·상호경쟁적 관계로 바뀌었다. "더 이상 양보할 수 없다"고 생각하게 된 일본, "이제야 일본을 비판해 요구를 관철시킬 수 있다"고 여기는 한국. 관계가 어려워질 수밖에 없다.

일본에서 한국의 이미지가 1970년대부터 계속 좋아지다가 최근 10년 간 떨어지고 있다. 한국에 호감을 가졌는데 계속 우리를 비판하니 용서할 수 없다는 것이다. 한국에선 역사가 있으니 일본에 좋은 감정을 갖기 어렵지만 한국에 대한 일본인들의 감정은 근래 갑자기 나빠졌다. 이는 우경화와는 다르다. '약속을 지키지 않는 나라와 어떻게 사이좋게 지낼 수 있느냐'는 것이다. 한국 정부와 사회는 일본의 이런 변화에 너무 둔감하다.

한국 정부가 징용자 판결과 한일협정을 모두 존중할 수 있는 안을 만들어 일본 정부에 제시하고 협상하는 수밖에 없다. 아베 정부도 징용 판결과 수출규제는 별개라면서 일본 기업들에게 관여를 하고 있다. 기업들 자율에 맡겨야 한다.

지소미아 파기는 한국 정부에 대한 미국의 신뢰를 떨어뜨리는 행위다.

문재인 정부는 트럼프만 잡으면 한미관계에 문제가 없다고 여긴다. 하지만 남북·북미관계를 해결하려면 일본의 협력이 필요하다. 한국은 북한의 비핵화 의지를 믿지만, 아베 정부는 비관적으로 본다.

미국과 중국 간에 대립의 시기이다. 미일동맹을 강화하려는 일본 쪽에서 보자면, 한국의 입장은 애매하다. 한국은 결국 중국 쪽으로 갈 수밖에 없는 것처럼 비쳐진다. 한국 입장에서 안보는 미국, 경제는 중국, 한반도 문제는 미중과 협력해야 한다. 트럼프 정부가 중재역할을 하리라고는 보지 않는다. 결국 두 나라에서 경제적으로 피해를 보는 이들이 목소리를 내야 한다.

1965년 체제는 나름 자기혁신을 계속해왔다. 이 체제에서 일본도, 한국도 이익을 봤다. 65년 체제가 이뤄낸 것에 대해 서로 깊이 생각하고 발전시켜야 한다.

② 미국의 시각

"냉전이 끝나지 않은 곳 - 일본과 한국의 낯설고 오래된 경쟁"
(이언 부루마 미국 뉴욕바드컬리지 교수, 뉴욕타임스, 2019.8.12.)

오랜 역사적 라이벌에서 종속적인 처지로 전락했다는 한국의 모멸감은 지금도 두 나라 사이에 독소처럼 존재한다. 종속의 역사는 한국의 국내 정치에도 유독한 영향을 미쳤다. 한일협정을 체결한 박정희는 일제 부역자였고, 그와 친했던 일본 우익 정치인 중 한 명이 아베의 외조부 기시 노부스케였다. 한국의 좌파들은 보수 엘리트들의 친일 이력을 용서하지 않는다. 이들은 일본, 그리고 박정희 같은 권위주의 우파에 맞서 저항한 것을 자랑스러워한다.

문재인 대통령은 좌파이지만 1965년의 협정을 깬 것은 단순히 반일감정 때문만은 아니다. 일본에 전범의 손자가 집권하고 있다는 사실, 더 중요하게는 전쟁범죄로 상처받은 한국의 정치적 계급들이 느끼는 비통함이 사태를 악화시켰다. 일부 한국인들은 국제 질서를 무시하는 중국보다 일본의 재무장을 더 경계한다.

냉전 때 만들어진 동아시아의 질서는 지금까지는 안정적이었다. 하지만 중국의 위협이 커지고 있고, 트럼프는 미일안보조약을 평가절하하면서 미국의 동맹이 되려면 자기 변덕에 맞추라고 요구한다. 동아시아의 질서는 더 이상 안정적이지 않다.

역사적 열정이 이성을 누르고, 미국이 퇴각해버리면 한국은 중국과 더 가까워질 것이다. 일본은 헌법을 고칠 것이고, 핵무장으로까지 치달을 수도 있다. 바보들이나 하는 도박이겠지만.

"일본과 한국, 갈등을 넘어서려면"

(매튜 굿먼 전략국제연구소(CSIS) 선임연구원, 2019.8.6.)

일본이 한국에 배신감을 느끼는 데에는 이유가 있다. 아베 정부는 (징용자) 문제가 1965년 협정으로 '완전히, 최종적으로' 끝났다고 주장한다. 일본은 자기네 조치에 대한 한국인들의 반응이 과하다고 생각한다. '한반도 평화경제'로 일본과 경쟁하자는 문재인 대통령의 돈키호테식 구상도 일본의 신뢰를 얻는 데에 도움이 되지 못했다.

그럼에도 아베 정부는 국익을 생각해야 한다. 두 나라의 경제성장 전망은 이번 분쟁 때문에 하향 조정됐다. 보복전은 두 나라의 핵심 산업들에 해를 입힐 것이다. 세계 3위와 12위 경제국의 다툼은 글로벌 경제에도 영향을 준다. 또한 북한 미사일과 러시아의 영공 침범 같은 안보 위협에 맞서 한일이 협력하기 힘들어진다. 도쿄와 서울은 중국에 맞서야 할 전략적 이해도 공유하고 있다.

아베는 트럼프가 TPP를 폐기하자 뒤처리 맡아 공백을 메웠다. 하지만 경제 지도국으로서 일본의 이미지가 이번 갈등으로 퇴색했다. 아베는 오사카 G20에서 '고품질 인프라' 구축과 디지털 이니셔티브를 주창했는데, 여기에 강력한 목소리를 내야 할 한국이 참여할 가능성도 줄었다.

양국은 실무자급 대화에 즉시 합의해야 한다. 한국이 그런 대화에 응한다면 일본은 (무역통제를) 보류해야 한다. 문재인 정부는 일본의 국제 중재안을 수용해야 한다.

"일본, 한국, 태평양의 균열"
(뉴욕타임스 사설, 2019.8.22.)

한일 교역갈등은 국가안보나 원자재, 무역관리와는 관련 없고 트럼프 대통령이 무책임한 태도로 곪아터지도록 방기해둔 오래된 적대감정에 기인한 것이다. 중국과 북한 말고는 모두가 질 수밖에 없는 싸움이다.

이런 다툼은 양국과 미국의 이익에 명백한 해가 되는 데에도, 트럼프 정부는 별 관심을 보이지 않았다. 핵심 동맹 사이의 반목을 끝내야 할 이유를 트럼프가 이해할 것으로 기대하지 않는다. 하지만 일본과 한국이 경제와 안보에 피해를 보고 진짜 적들을 이롭게 하면서까지 피 튀기며 싸우고 어리석은 짓을 하는 걸 미

에필로그 295

국이 도와선 안 된다.

"한국에 대한 아베의 무역전쟁은 무용하다"

(블룸버그 오피니언, 2019. 7. 22.)

참의원 선거에서 승리한 아베 신조 총리는 많은 걸 할 수 있는 정치적 자원을 얻었다. 이제 첫 번째로 할 일은 이웃 한국과의 어리석은 무역 전쟁을 끝내는 일이다.

문재인 대통령은 전임자가 만든 배상기금(위안부 기금)에 문제를 제기, '아무리 사과하고 배상해도 만족해하지 않는다'는 일본의 감정을 강화시켰다. 아베는 교역 수단을 정치 분쟁에 동원했다. 세계 무역 질서를 강화하자던 지도자의 행위이기에 특히나 위선적이다. 아베의 명성만이 아니라, 일본 공급자들의 시장점유율과 신뢰도가 떨어질 것이다.

일본은 수출 통제를 멈춰야 하며, 한국인 징용자 문제 관련 중재절차에 합의해야 한다. 이 싸움을 시작했고 선거에서 이긴 아베가 먼저 움직여야 한다. 문 대통령과 아베 신조 총리 모두 자신들의 역할은 긴장을 낮추는 것이지, 불을 붙이는 게 아님을 기억해야 한다.

별첨 2.
전후 역대 일본 총리대신

대(代)	성명	재직 기간	재직일	비고
45	(제1차) 요시다 시게루 (吉田茂)	1946.5.22 ~1947.5.24	368	일본제국에서 일본국으로 체제전환 후 첫 총리
46	가타야마 테츠 (片山哲)	1947.5.24 ~1948.3.10	292	사회당 출신 총리
47	아시다 히토시 (芦田均)	1948.3.10 ~1948.10.15	220	일본 민주당 출신 총리
48	(제2차) 요시다 시게루 (吉田茂)	1948.10.15 ~1949.2.16	125	자유당 출신 총리
49	(제3차) 요시다 시게루 (吉田茂)	1949.2.16 ~1952.10.30	1,353	샌프란시스코 강화조약 (51년) 체결로 국권회복
50	(제4차) 요시다 시게루 (吉田茂)	1952.10.30 ~1953.5.21	204	
51	(제5차) 요시다 시게루 (吉田茂)	1953.5.21 ~1954.12.10	569	

52	(제1차) 하토야마 이치로 (鳩山一郎)	1954.12.10 ~1955.3.19	100	일본 민주당 출신 총리 (아시다의 민주당과는 다름)
53	(제2차) 하토야마 이치로 (鳩山一郎)	1955.3.19 ~1955.11.22	249	
54	(제3차) 하토야마 이치로 (鳩山一郎)	1955.11.22 ~1956.12.23	398	자유당과 민주당 합당으로 자민당 성립, 장기집권 시작
55	이시바시 단잔 (石橋湛山)	1956.12.23 ~1957.2.25	65	
56	(제1차) 기시 노부스케 (岸信介)	1957.2.25 ~1958.6.12	473	
57	(제2차) 기시 노부스케 (岸信介)	1958.6.12 ~1960.7.19	769	
58	(제1차) 이케다 하야토 (池田勇人)	1960.7.19 ~1960.12.8	143	
59	(제2차) 이케다 하야토 (池田勇人)	1960.12.8 ~1963.12.9	1,097	한일 국교정상화 협상 시작
60	(제3차) 이케다 하야토 (池田勇人)	1963.12.9 ~1964.11.9	337	일본 OECD가입, 도쿄올림픽 개최
61	(제1차) 사토 에이사쿠 (佐藤榮作)	1964.11.9 ~1967.2.17	831	

62	(제2차) 사토 에이사쿠 (佐藤榮作)	1967.2.17 ~1970.1.14	1,063	
63	(제3차) 사토 에이사쿠 (佐藤榮作)	1970.1.14 ~1972.7.7	906	전후 2번째로 장기재임(연속으로는 최장기)
64	(제1차) 다나카 가쿠에이 (田中角榮)	1972.7.7 ~1972.12.22	169	중국과 국교 수립(72년)
65	(제2차) 다나카 가쿠에이 (田中角榮)	1972.12.22 ~1974.12.9	718	부패의혹으로 사임
66	미키 다케오 (三木武夫)	1974.12.9 ~1976.12.24	747	
67	후쿠다 다케오 (福田赳夫)	1976.12.24 ~1978.12.7	714	
68	(제1차) 오히라 마사요시 (大平正芳)	1978.12.7 ~1979.11.9	338	
69	(제2차) 오히라 마사요시 (大平正芳)	1979.11.9 ~1980.6.12	217	재임 중 지병 사망
-	이토 마사요시 (伊東正義)	1980.6.12 ~1980.7.17	-	관방장관으로 총리직 임시 겸임
70	스즈키 젠코 (鈴木善幸)	1980.7.17 ~1982.11.27	864	
71	(제1차) 나카소네 야스히로 (中曽根康弘)	1982.11.27 ~1983.12.27	396	일본 총리로 첫 방한 (83년)

72	(제2차) 나카소네 야스히로 (中曽根康弘)	1983.12.27 ~1986.7.22	939	
73	(제3차) 나카소네 야스히로 (中曽根康弘)	1986.7.22 ~1987.11.6	473	
74	다케시타 노보루 (竹下登)	1987.11.6 ~1989.6.3	576	
75	우노 소스케 (宇野宗佑)	1989.6.3 ~1989.8.10	69	
76	(제1차) 가이후 도시키 (海部俊樹)	1989.8.10 ~1990.2.28	203	
77	(제2차) 가이후 도시키 (海部俊樹)	1990.2.28 ~1991.11.5	616	
78	미야자와 기이치 (宮澤喜一)	1991.11.5 ~1993.8.9	644	자민당 창당 후 처음으로 과반의석 붕괴로 사임
79	호소카와 모리히로 (細川護熙)	1993.8.9 ~1994.4.28	263	최초 비(非)자민출신 총리 (고노에 후미마로의 외손자)
80	하타 츠토무 (羽田孜)	1994.4.28 ~1994.6.30	64	일본국 전환 후 최단명 총리
81	무라야마 도미이치 (村山富市)	1994.6.30 ~1996.1.11	561	사회당 출신 총리
82	(제1차) 하시모토 류타로(橋本龍太郎)	1996.1.11 ~1996.11.7	302	자민당 정권 복귀

83	(제2차) 하시모토 류타로(橋本龍太郎)	1996.11.7~1998.7.30	631	
84	오부치 게이조 (小淵惠三)	1998.7.30~2000.4.5	616	재임 중 지병 사망
85	(제1차) 모리 요시로 (森喜朗)	2000.4.5~2000.7.4	91	
86	(제2차) 모리 요시로 (森喜朗)	2000.7.4~2001.4.26	297	
87	(제1차) 고이즈미 준이치로 (小泉純一郎)	2001.4.26~2003.11.19	938	
88	(제2차) 고이즈미 준이치로 (小泉純一郎)	2003.11.19~2005.9.21	673	
89	(제3차) 고이즈미 준이치로 (小泉純一郎)	2005.9.21~2006.9.26	371	유일하게 임기만료로 퇴진
90	(제1차) 아베 신조 (安倍晋三)	2006.9.26~2007.9.26	366	전후 최연소 총리(52세) (기시 노부스케의 외손자)
91	후쿠다 야스오 (福田康夫)	2007.9.26~2008.9.24	365	첫 부자총리 (후쿠다 다케오의 아들)
92	아소 다로 (麻生太郎)	2008.9.24~2009.9.16	358	자민당 정권붕괴 (요시다 시게루의 외손자)

93	하토야마 유키오 (鳩山由紀夫)	2009.9.16 ~2010.6.8	266	첫 민주당 출신 총리 (하토야마 이치로의 손자)
94	간 나오토 (菅直人)	2010.6.8. ~2011.9.2	452	
95	노다 요시히코 (野田佳彦)	2011.9.2 ~2012.12.26	482	
96	(제2차) 아베 신조 (安倍晋三)	2012.12.26 ~2014.12.24	729	자민당 정권복귀
97	(제3차) 아베 신조 (安倍晋三)	2014.12.24 ~2017.11.1	1044	
98	(제4차) 아베 신조 (安倍晋三)	2017.11.1~		2019년 11월 20일 역대 최장수 총리 (2887일 재임)

아베의 아름다운 나라?

ⓒ 강성종 2019

1판 1쇄 발행 2019년 12월 24일

지은이　강성종
펴낸이　김재문

책임편집　정수연
마케팅　이종일
디자인　이정아
펴낸곳　도서출판 상상
출판등록　2010년 5월 27일 제321-2010-000116호
주소　(06651) 서울시 서초구 반포대로 14길 71 서초에클라트 1508호
전화　02-588-4589
팩스　02-588-3589
홈페이지　www.sangsang21.com

ISBN　979-11-968775-1-4 (03340)

* 이책의 판권은 지은이와 도서출판 상상에 있습니다.
　이 책 내용의 일부 또는 전부를 재사용하려면 사전에 양측의 동의를 받아야 합니다.
* 이 도서의 국립중앙도서관 출판예정도서목록(CIP)은 서지정보유통지원시스템 홈페이지
　(http://seoji.nl.go.kr)와 국가자료공동목록시스템(http://www.nl.go.kr/kolisnet)에서 이용하실 수
　있습니다.(CIP제어번호: CIP2019051985)